W0094821

Gänseblümchen für die Seele –
Gedanken und Geschichten, die gut tun

Gänseblümchen für die Seele

Gedanken und Geschichten, die gut tun

benno

Bibliografische Information der Deutschen Nationalbibliothek
Die Deutsche Nationalbibliothek verzeichnet diese Publikation
in der Deutschen Nationalbibliografie; detaillierte bibliografische
Daten sind im Internet unter http://dnb.d-nb.de abrufbar.

Bitte besuchen Sie uns im Internet:
www. st-benno.de

ISBN 978-3-7462-3347-5

© St. Benno-Verlag GmbH
04159 Leipzig, Stammerstr. 11
Zusammenstellung: Volker Bauch, Leipzig
Umschlaggestaltung: Ulrike Vetter, Leipzig
Gesamtherstellung: Kontext, Lemsel (A)

Lob des Gartens

HUGO VON HOFMANNSTHAL

*E*s ist ganz gleich, ob ein Garten klein oder groß ist. Was die Möglichkeiten seiner Schönheit betrifft, so ist seine Ausdehnung so gleichgültig, wie es gleichgültig ist, ob ein Bild groß oder klein, ob ein Gedicht zehn oder hundert Zeilen lang ist. Die Möglichkeiten der Schönheit, die sich in einem Raum von fünfzehn Schritt im Geviert, umgeben von vier Mauern, entfalten können, sind einfach unmessbar. Es können im Hof eines Bauernhauses eine alte Linde und ein gekrümmter Nussbaum beisammenstehen und zwischen ihnen im Rasen durch eine Rinne aus glänzenden Steinen das Wasser aus dem Brunnentrog ablaufen, und es kann ein Anblick sein, der durchs Auge hindurch die Seele so ausfüllt wie kein Claude

Lorrain. Ein einziger alter Ahorn adelt einen ganzen Garten, eine einzige majestätische Buche, eine einzige riesige Kastanie, die die halbe Nacht in ihrer Krone trägt. Aber es müssen nicht große Bäume sein, sowenig, als auf einem Bild ein dunkelglühendes Rot oder ein prangendes Gelb auch nur an einer Stelle vorkommen muss. Hier wie dort hängt die Schönheit nicht an irgend einer Materie, sondern an den nicht auszuschöpfenden Kombinationen der Materie. Die Japaner machen eine Welt von Schönheit mit der Art, wie sie ein paar ungleiche Steine in einen samtgrünen, dicken Rasen legen, mit den Kurven, wie sie einen kleinen kristallhellen Wasserlauf sich biegen lassen, mit der Kraft des Rhythmus, wie sie ein paar Sträucher, wie sie einen Strauch und einen zwerghaften Baum gegeneinanderstellen, und das alles in einem offenen Garten von so viel Bodenfläche wie eines unserer Zimmer. Aber von dieser Feinfühligkeit sind wir noch weltenweit, unsere Augen, unsere Hände (auch unsere Seele, denn was wahrhaft in der Seele ist, das ist auch in den Händen); immerhin kommen wir allmählich wieder dorthin zurück, wo unsere Großväter waren, oder mindestens unsere naiveren Urgroßväter: die Harmonie der Dinge zu fühlen, aus denen ein Garten zusammengesetzt ist: dass sie untereinander harmonisch sind, dass sie einander etwas zu sagen haben, dass in ihrem Miteinanderleben eine Seele ist, so wie die Worte des Gedichtes und die Farben des Bildes einander anglühen, eines das andere schwingen und leben machen.

Ein alter Garten ist immer beseelt. Der seelenloseste Garten braucht nur zu verwildern, um sich zu beseelen. Es entsteht unter diesen schweigenden grünen Kreaturen ein stummes Suchen und Fliehen, Anklammern und Ausweichen, eine solche Atmosphäre von Liebe und Furcht, dass es fast beklemmend ist, unter ihnen allein zu sein. Und doch sollte es nichts Beseelteres geben als einen kleinen Garten, in dem die lebende Seele seines Gärtners webt. Es sollte hier überall die Spur einer Hand sein, die zauberhaft das Eigenleben aller dieser stummen Geschöpfe hervorholt, reinigt, gleichsam badet und stark und leuchtend macht. Der Gärtner tut mit seinen Sträuchern und Stauden, was der Dichter mit den Worten tut: er stellt sie so zusammen, dass sie zugleich neu und seltsam scheinen und zugleich auch wie zum ersten Mal ganz sich selbst bedeuten, sich auf sich selbst besinnen. Das Zusammenstellen oder Auseinanderstellen ist alles: denn ein Strauch oder eine Staude ist für sich allein weder hoch noch niedrig, weder unedel noch edel, weder üppig noch schlank: erst seine Nachbarschaft macht ihn dazu, erst die Mauer, an der er schattet, das Beet, aus dem er sich hebt, geben ihm Gestalt und Miene. Dies alles ist ein rechtes ABC, und ich habe Furcht, es könnte trotzdem scheinen, ich rede von raffinierten Dingen. Aber ein jeder Blumengarten hat die Harmonie, die ich meine: seine Pelargonien im Fenster, seine Malven am Gatter, seine Kohlköpfe in der Erde, das Wasser dazwischenhin, und, weil das Wasser schon da ist, Büschel Schwertlilien und Vergissmeinnicht dabei, und wenn's hochkommt, neben dem Basilikum ein Beet Federnelken, das alles ist einander zugeordnet und leuchtet eins durchs andere. Gleicherweise hat jeder ältere Garten, der zu einem bürgerlichen oder adeligen Haus gehört, seine Harmonie, ich rede von Gärten, die heute mehr als sechzig Jahre alt sind: da hat jeder größere Baum seinen Frieden um sich und streut seinen Schatten auf einen schönen stillen Fleck oder auf einen breiten, geraden, rechtschaffenen Weg, die Blumen sind dort, wo sie wollen und sollen, als hätte die Sonne selbst sie aus der Erde hervorgeglüht, und der Efeu hat sich mit jedem Stück Holz und Mauer zusammengelebt, als könnte eins ohne das andere nicht sein. Das ist aber nicht bloß der edle Rost, den die Zeit über die angefassten Dinge bringt, sondern auch die Anlage, deren selbstsichere Simplizität die paar Elemente der ganzen Kunst in sich hält.

Hymnus

NOVALIS

*E*s färbte sich die Wiese grün
Und um die Hecken sah ich blühn,
Tagtäglich sah ich neue Kräuter,
Mild war die Luft, der Himmel heiter.
Ich wusste nicht, wie mir geschah,
Und wie das wurde, was ich sah.

Und immer dunkler ward der Wald
Auch bunter Sänger Aufenthalt,
Es drang mir bald auf allen Wegen
Ihr Klang in süßen Duft entgegen.
Ich wusste nicht, wie mir geschah,
Und wie das wurde, was ich sah.

Es quoll und trieb nun überall
Mit Leben, Farben, Duft und Schall,

Sie schienen gern sich zu vereinen,
Dass alles möchte lieblich scheinen.
Ich wusste nicht, wie mir geschah,
Und wie das wurde, was ich sah.

So dacht ich: ist ein Geist erwacht,
Der alles so lebendig macht
Und der mit tausend schönen Waren
Und Blüten sich will offenbaren?
Ich wusste nicht, wie mir geschah,
Und wie das wurde, was ich sah.

Vielleicht beginnt ein neues Reich.
Der lockre Staub wird zum Gesträuch,
Der Baum nimmt tierische Gebärden,
Das Tier soll gar zum Menschen werden.

Ich wusste nicht, wie mir geschah,
Und wie das wurde, was ich sah.

Wie ich so stand und bei mir sann,
Ein mächtger Trieb in mir begann.

Ein freundlich Mädchen kam gegangen
Und nahm mir jeden Sinn gefangen.
Ich wusste nicht, wie mir geschah,
Und wie das wurde, was ich sah.

Sie ging vorbei, ich grüßte sie,
Sie dankte, das vergess ich nie.
Ich musste ihre Hand erfassen
Und Sie schien gern sie mir zu lassen.
Ich wusste nicht, wie mir geschah,
Und wie das wurde, was ich sah.

Uns barg der Wald vor Sonnenschein
Das ist der Frühling, fiel mir ein.
Kurzum, ich sah, dass jetzt auf Erden
Die Menschen sollten Götter werden.
Nun wusst ich wohl, wie mir geschah,
Und wie das wurde, was ich sah.

Das Samenkorn

JOACHIM RINGELNATZ

Ein Samenkorn lag auf dem Rücken,
die Amsel wollte es zerpicken.

Aus Mitleid hat sie es verschont
und wurde dafür reich belohnt.

Das Korn, das auf der Erde lag,
das wuchs und wuchs von Tag zu Tag.

Jetzt ist es schon ein hoher Baum
und trägt ein Nest aus weichem Flaum.

Die Amsel hat das Nest erbaut;
dort sitzt sie nun und zwitschert laut.

Ein Schöpfungstag

JEAN PAUL

*E*s gibt zwischen den Alltagstagen des Lebens – wo der Regenbogen der Natur uns nur zerbrochen und als ein unförmlicher bunter Klumpen am Horizont erscheint – zuweilen einige Schöpfungstage, wo sie sich in eine schöne Gestalt rundet und zusammenzieht, ja, wo sie lebendig wird und wie eine Seele uns anspricht. Heute hatte Albano diesen Tag zum ersten Mal. Ach, es gehen Jahre dahin, und sie bringen keinen. Indem er so auf dem Bergrücken auf beiden Seiten dahinwandelte, flutete der Nordost ihm immer voller entgegen; – ohne Wind war ihm eine Landschaft eine steife, festgenagelte Wandtapete – und wühlte das feste Land zum flüssigen um. Die nahen Bäume schüttelten sich wie Tauben süß schauernd in seinem Bade; aber in der Ferne standen die Wälder wie gerüstete Heere fest und ihre Gipfel wie Lanzen. – Majestätisch schwammen durch das Blau die silbernen Inseln, die Wolken, und auf der Erde schritten Schatten riesenhaft über Ströme und über Berge – im Tale blitzte die Rosana und rollte in den Eichenhain. – Er trat ins warme Tal hinab, die Weiden schäumten, und ihr Same spielte in seiner Wolkenflocke, ehe ihn die Erde befestigte – der Schwan dehnte wollüstig den langen Flügel, gepaarte Tauben ätzten sich vor Liebe, und überall lagen die Beete und Zweige voll heißer Mutterbrüste und Eier. – Wie ein herrlicher blauer Blumenstrauß schillerte in hohen Gräsern der Hals des rufenden Pfaues. – Er trat unter die Eichen, die mit knotigen Armen den Himmel anfassten und mit knotigen Wurzeln die Erde ... – Die Rosana sprach allein mit dem brausenden Wald und fraß schäumend an Felsenstücken und am morschen Ufer – Nacht und Abend und Tag verfolgten einander im mystischen Hain. – Er trat

15

in den Fluss und ging mit ihm hinaus vor eine rege warme Ebene voll Dörfer, und aus ihnen klang der Sonntag, und aus den Ährenfeldern fuhren Lerchen, und an den Bergen krochen Menschensteige hinauf, die Bäume regten sich als Lebendige, und die fernen Menschen schienen festzuwurzeln und wurden nur Schößlinge an der tiefen Rinde des ungeheuren Lebensbaumes.

O Gärtner

FRIEDRICH RÜCKERT

O Gärtner, der du hier den Baum im Garten
  ziehst,
mit stolzer Schöpferlust auf deine Schöpfung
  siehst!

In Wahrheit hast du doch den Samen nicht
  gemacht
und hast auch nicht daraus den Baum
  hervorgebracht.

Doch dein ist das Verdienst, dass du den Samen
  streutest
und groß den Baum zu ziehen nicht Müh noch
  Sorgfalt scheutest.

Gebet eines Gärtners

KAREL CAPEK

$\mathcal{H}$errgott, richte es so ein,
dass es täglich von Mitternacht bis drei Uhr
früh regne,
aber langsam und warm, weißt du, damit es
einsickern kann;
doch soll es dabei nicht auf die Pechnelke,
das Steinkraut,
Sonnenröschen, den Lavendel
und andere Blumen regnen,
die dir in deiner unendlichen Weisheit
als trockenliebende Pflanzen bekannt sind –
wenn du willst, schreibe ich es dir auf ein Blatt
Papier auf;
ferner soll die Sonne den ganzen Tag über
scheinen,
aber nicht überallhin

– zum Beispiel nicht auf den Spierstrauch und Enzian,
noch auf Funkie und Rhododendron – und auch nicht zu stark;
dann möge es viel Tau und wenig Wind geben,
genug Regenwürmer, keine Blattläuse,
Schnecken und keinen Mehltau,
und einmal in der Woche
verdünnte Jauche mit Taubenmist regnen.
Amen.

Lob der Wiese

KARL HEINRICH WAGGERL

Im Wiesengrund, wo die Ahornbäume stehen, die langschäftigen Eschen und das grüne Gewölk der Haselstauden, da ist mein Schiff vor Anker gegangen. Auch ich war in der Welt, aber das ist lang vorbei, meine Fahnen flattern nicht mehr in fremden Winden, die farbigen Wimpel der Jugend.

Und dennoch ist mir die Welt nicht kleiner geworden, nein, ich lobe meine Wiese. Sie ist groß und unabsehbar geräumig, wenn ich bäuchlings in ihr liege, und den ganzen hohen Himmel habe ich über mir. Ich sehe Halme vor meinen Augen, die haarigen Schäfte des Günsels, das fadendünne Gespinst der Miere auf dem Moos, und ich kann mir gut denken, wie weitläufig und abenteuerlich das Leben in diesem Wald der Gräser sein mag. Käfer sind unterwegs und mühen sich ab, ganz winzige und auch große in prunkvollen Panzern. Ich kenne sie alle, weil ich nicht weiß, wie sie heißen und weil ich darum ihre Namen nicht verwechseln kann. Sie haben es schwer genug, besonders die großen. Immer einmal rollen sie unversehens auf den Rücken und dann müssen sie wohl ein Jahr ihres Käferlebens daran wenden, wieder auf die Beine zu kommen. Andere sind so winzig klein, dass es gar nicht auszudenken ist, wie denn auch sie ihre sechs Beine mit dreimal sechs Gliederchen haben können. Aber sie sind sich selbst groß genug. Ein Dutzend Mal klettert so ein Käfertier an einem Halm in den Sommerwind hinauf, ein paar Mal hat es die mütterliche Sonne am Himmel gesehen und darüber ist es sehr alt und sehr weise geworden. Zuletzt schwirrt es noch ein Stück über die glockenblaue Wiese, es faltet seine Flügel wieder sorgfältig zusammen und dann stirbt es, das Käferchen.

Nun gibt es aber noch diese Halme selbst, diese

vielerlei prächtigen, von der zärtlichen Luft bewegten Gräser. Wenn ich die Augen hebe, sehe ich hoch über mir ihre glänzenden Häupter im weißblauen Himmel schwanken. Auch sie sind der Wissenschaft bekannt, es gibt ihrer unzählige, sagt man, tausend Arten vielleicht, oder noch viel mehr. Aber diesen Halm von mir, dieses feine zitternde Gebilde, den kennt die Wissenschaft nicht. Der ist in der Heimlichkeit geworden, im Frühjahr kam er jung aus der trächtigen Erde, seine krausen Blätter sind ihm zugewachsen, kein anderer Halm in der Welt hat so schön gekräuselte Blätter wie er. Ich habe ihn entdeckt. Einen Namen muss er nicht haben, aber ich möchte wohl einmal seine schimmernde Rispe in die Hand nehmen. Es ist wunderbar still um den Mittag, und ich höre dennoch die hundertfältigen Geräusche des Lebens um mich her, das Knistern und Schwirren im Gras und auch das Rauschen des Blutes in meinem Leibe. Die Wiese nimmt mich immer auf, die Erde zieht mich an sich, die gute, braune Erde. Gestern lag ich hier und sah die Knospe einer Flockenblume, aber es kam der Abend, ehe sie aufbrach. Heute blüht sie, und blüht, obwohl indessen vielerlei in der Welt geschah, was mir das Herz schwer macht.

Das ist ein Trost für mich. Versteht ihr, so einfältig wird ein Mensch, der in einer Wiese gestrandet ist. Wenn diese Flockenblume jetzt blühen kann, sage ich mir, muss es dann nicht eine geheime Quelle geben, die ihr und mein Leben speist? Ich bin so wahr in mir selbst wie sie, aber ich irre, weil ich die Wahrheit suchen will. Die Wahrheit muss man sein.

Ich will da nicht länger müßig liegen, aber was kann ich tun? Es ist mir nicht leicht gemacht. Ich könnte wohl etwas aufschreiben, diese paar friedlichen Zeilen, für euch, meine Freunde. Es ist ja nichts Großartiges, ihr lächelt darüber, oder ihr ärgert euch daran, – Gras, ach Gott, Kräuter und Käfer! Aber was ist nun eigentlich wichtig in der Welt? Mein Grashalm wächst

und trägt Frucht und stirbt ab, im andern Jahr
wird da wieder ein Halm wachsen und verblü-
hen, ungesehen, es weiß niemand darum. Und
doch hat sein Dasein so gut Platz und Sinn im
Ganzen wie meines.
Vor Gott, Freunde, sind wir alle einerlei Gras. Es
sei denn, dass er die schönen Halme liebte und
die kümmerlichen verwürfe, wie geschrieben
steht ...

Lied des Gärtners

JOHANN WILHELM LUDWIG GLEIM

Ich armer Gärtner bin zufrieden,
ich bin es, und ich kann es sein!
Viel Arbeit hat mir Gott beschieden,
und viel Bekümmernis; allein,
auch Freuden; Freuden eine Menge,
ja, viele Freuden, ihm sei Dank!
und Freuden, wert, dass ich sie sänge
mit lautem Nachtigall-Gesang!

So früh und munter wie die Sonne
steh ich von meinem Lager auf!
Und sehe meistens Freud und Wonne
den ganzen Tag in ihrem Lauf!
Auch pflegt sie mir mit ihren Strahlen
die hohen Bäume morgens früh

und abends späte schön zu malen,
und durch die Bäume seh ich sie.

Die kleine Grasemücke hüpfet
um mich herum und sieht mir zu!
Holt sich ein armes Würmchen, schlüpfet
auf ihrem Nest in ihre Ruh.
Ich folg ihr, schlafe, süßer Schlummer
gibt meinen Knochen frisches Mark;
erwache, weiß von keinem Kummer,
und fühle Leib und Seele stark!

Und alle diese meine Freuden
teil ich mit meiner Gärtnerin!
Mein König würde mich beneiden,
wüsst er das alles, was ich bin!
Ich bin zufrieden, brauche wenig,
mein Apfel und mein Kohl ist süß,
in meiner Hütte bin ich König,
mein Garten ist ein Paradies.

Die Geschichte vom Gänseblümchen, das das ganze Jahr über blühen wollte.

MARIA TRISCHBERGER

Die kleinen zarten Gänseblümchen erblühen meist um Ostern herum und schmücken die Wiesen und Gärten, bis in den Herbst hinein. So mancher Rasenmäher fährt beim ersten Schnitt darüber hinweg. Aber wie ein Wunder stehen am nächsten Tag wieder einige von ihnen da.

Eines von diesen Gänseblümchen hatte eine Idee, einen Traum, den es verwirklichen wollte. Es wollte nicht mehr hinnehmen, dass es im Herbst welkte, in den Winterschlaf gehen sollte und dann lange Zeit unter der Erde auf einen neuen Frühling warten musste.

Damit dieser Traum wahr werden konnte, galt es als erstes, dem Rasenmäher zu entkommen.

Immer wenn der Motor dieses „großen Gras-
fressers" erklang, machte es sich nun unsicht-
bar, indem es sich ganz flach auf die Erde legte
und hatte Erfolg damit.

Im Sommer, als es sehr heiß wurde, hatte es
Mühe, sich auf den Beinchen zu halten und
freute sich, wenn es etwas regnete. Schön war
es nachts, wenn es kühler und stiller ringsumher wurde. Dann schließen alle Blumen ihre
Blütenaugen und schlafen im Stehen. So, wie
die Rosen, deren Duft sie einhüllte. Ach, es war
schön, diese Jahreszeit zu erleben, wo alle Blumen ihr schönstes Kleid anzogen und die Bie-
nen und Schmetterlinge an ihnen ihre Freude
hatten. Aber alles Schöne geht einmal vorüber
und dann kam der stürmische Herbst.

Oh, es kostete viel Kraft, gegen den Wind anzu-
kämpfen und ihre zarten Blütenblätter festzu-
halten, die er ihr ganz schön zerzauste. Wenn es
dem Gänseblümchen an Kraft mangelte und Er-
schöpfung drohte, hielt es sich an Grashalmen
fest und stellte sich vor – es tanzte mit dem

Wind. Es war schwer nicht umzuknicken, denn dies wäre ihr Ende. Aber auch der Herbst ging vorüber und das Gänsblümchen schöpfte neuen Mut. Nur nicht aufgeben, dachte es immer wieder und laut sprach es: „Ich bin tapfer."

Dann aber kam der Winter. „Brrrr", rief es laut, „Brrrr", ist das kalt – bitterkalt. Es schaute umher und sah, die Rosen waren zugeschnitten und fest mit Tannenreisig zugedeckt, da fror es noch mehr.

Der erste Schnee fiel zwar zart, aber er deckte das Gänseblümchen zu. Es war etwas wärmer dadurch unter dem Schnee, aber es war eine schwere Last, die ihm da auf die Schulter gelegt wurde. Teilweise lag es dadurch lang ausgestreckt am Boden. Nicht aufgeben, dachte es immer wieder – bald kommt der Frühling und streckt ihren Rücken durch, um den Schnee abzuschütteln.

Die Sonne hatte Erbarmen, sie wollte dem kleinen zarten Blümchen helfen und schmolz den Schnee. Jetzt konnte das Gänseblümchen wieder aufrecht stehen. Oh, es wird schon etwas wärmer, bemerkte es. Als es aber an sich herunterschaute, bemerkte es, dass es noch dünner geworden war als üblich. Darüber wurde es sehr traurig und nahm sich fest vor, in Zukunft lieber den Spätherbst und Winter tief unter der Erde zu verbringen, so, wie ihre Geschwister auch.

Als die ersten Schneeglöckchen den Frühling einläuteten und die farbenprächtigen Krokusse ihre Köpfe aus der Erde reckten, wusste das Gänseblümchen: jetzt war es bald soweit, dann war es ein ganzes Jahr lebendig gewesen.

Aber kurz vor dem Ziel verließ es die Kraft. Oh, wie stemmte es sich gegen die Müdigkeit, aber ihre Knie waren zu schwach. Es knickte ein und bevor es sich versah, schlief es tief und fest. Ob es wohl etwas Schönes träumte?

Die rühmliche Tat war nicht umsonst gewesen. Der Versuch, den Traum zu leben, hatte sich gelohnt, es war dadurch um eine Erfahrung reicher geworden und diese konnte ihm keiner mehr nehmen.

Die Schneeglöckchen und Krokusse erzählten
den anderen Blumen von der Tapferkeit des
Gänseblümchens und von dem Wunder: dass
mit ihnen gemeinsam ein Gänseblümchen ge-
blüht hatte. So etwas erlebte man schließlich
nur einmal im Leben.

Im Grase

FRIEDRICH GEORG JÜNGER

Wer sich ins Gras legt,
wer lang liegt, für den ist
Zeit und Mühn nichts.
Wer liegt, der vergisst.

Was sich um ihn bewegt,
wenn er liegt,
bewegt ihn sanft mit.
Er wird gewiegt.

Ihn verlässt, ihn flieht
Zahl und Zeit.
Er entrinnt, ihm verrinnt
Lust und Leid.

Weise wird er, still
wie das Gras, das grüne Moos.
Er bettet sich tief
in der Himmlischen Schoß.

Der Wind kommt und geht.
Die Wolke zieht.
Der Falter schwebt. Der Bach
murmelt sein Lied.

Halm und Laub
zittern und flüstern leis.
Wasser und Wind
gehen im Kreis.

Was kommt, geht. Was geht, kommt
in der Wiederkehr Gang.
In der himmlischen Bahn
wird die Welt Tanz, wird Gesang.

Der Gärtner und
die Herrschaft

HANS CHRISTIAN ANDERSEN

ine Meile von der Hauptstadt entfernt stand ein alter Herrenhof mit dicken Mauern, Türmen und gezacktem Giebel. Hier wohnte, aber nur in der Sommerzeit, eine reiche, hochadlige Herrschaft; dieser Hof war der beste und schönste von all den Höfen, die sie besaß; er war von außen wie neu errichtet, und innen waren Behaglichkeit und Bequemlichkeit. Das Wappen des Geschlechts war über der Tür in Stein gehauen, herrliche Rosen wanden sich um Wappen und Erker, ein Rasenteppich breitete sich vor dem Hof aus; dort wuchsen Rotdorn und Weißdorn, es gab seltene Blumen, selbst außerhalb des Treibhauses. Die Herrschaft hatte aber auch einen tüchtigen

Gärtner; es war eine Lust, den Blumengarten, Obst- und Gemüsegarten zu sehen. Daneben war noch ein Rest von dem ursprünglichen alten Garten des Hofes mit einigen Buchsbaumhecken, so beschnitten, dass sie Kronen und Pyramiden bildeten. Dahinter standen zwei mächtige alte Bäume, die waren fast immer kahl, und man konnte leicht glauben, dass ein Sturmwind oder eine Windhose sie mit großen Mistklumpen überstreut hätte, aber jeder Klumpen war ein Vogelnest.

Hier wohnte seit undenklichen Zeiten ein Gewimmel krächzender Raben und Krähen, es war ein ganzes Vogeldorf, und die Vögel waren die Herrschaft, Grundbesitzer, das älteste Geschlecht des Herrensitzes, die eigentliche Herrschaft des Hofes. Keiner der Menschen dort unten ging sie etwas an, aber sie duldeten diese niedriggehenden Geschöpfe, obwohl sie zuweilen mit Büchsen knallten, dass es den Vögeln im Rückgrat kitzelte und jeder Vogel dabei vor Schreck aufflog und „Rab! Rab!" schrie.

Der Gärtner sprach oft zu seiner Herrschaft davon, die alten Bäume fällen zu lassen, sie sähen nicht gut aus, und wenn sie fortkämen, würde man vermutlich von den schreienden Vögeln befreit, die sich woanders umtun müssten. Aber die Herrschaft wollte weder die Bäume noch das Vogelgewimmel los sein, es war etwas aus der alten Zeit, und das sollte man nicht ganz und gar auslöschen.

„Die Bäume sind nun einmal das Erbgut der Vögel, sie sollen es behalten, mein guter Larsen!" Der Gärtner hieß Larsen, aber das hat hier weiter nichts zu bedeuten.

„Haben Sie nicht Wirkungsfeld genug, lieber Larsen? Den ganzen Blumengarten, die Treibhäuser, den Obst- und Gemüsegarten?"

Die hatte er, die pflegte und wartete er, züchtete mit Eifer und Tüchtigkeit, und das wurde von der Herrschaft anerkannt, aber sie verschwieg ihm nicht, dass sie oft bei Fremden Früchte äße und Blumen sähe, die das, was sie in ihrem Garten hätte, überträfen, und das betrübte den Gärtner, denn er wollte das Beste und tat das Beste. Er war gut im Herzen und gut in seinem Amt.

Eines Tages ließ die Herrschaft ihn rufen und sagte in aller Güte und Herrschaftlichkeit, dass sie am Tage vorher bei vornehmen Freunden eine Sorte Äpfel und Birnen bekommen hätte, so saftig, so wohlschmeckend, dass sie und alle Gäste ihre Bewunderung ausgesprochen hätten. Die Früchte wären gewiss keine inländischen, aber sie müssten eingeführt und hier heimisch werden, wenn das Klima es zuließe. Man wusste, dass sie in der Stadt beim ersten Obsthändler gekauft waren, der Gärtner sollte hinreiten und herausbekommen, woher diese Äpfel und Birnen gekommen waren, und sich Pfropfreiser verschreiben lassen.

Der Gärtner kannte den Obsthändler gut, an ihn verkaufte er für die Herrschaft den Überfluss an Obst, der in ihrem Garten wuchs.

Und der Gärtner zog zur Stadt und fragte den Oberhändler, woher er diese hochgepriesenen Äpfel und Birnen habe.

„Die sind aus Ihrem eigenen Garten!", sagte der Obsthändler und zeigte ihm Äpfel und Birnen, und er erkannte sie wieder. Ja, wie froh wurde da der Gärtner; er eilte zur Herrschaft und erzählte, dass die Äpfel und Birnen aus ihrem eigenen Garten seien.

Das konnte die Herrschaft gar nicht glauben. „Das ist nicht möglich, Larsen! Können Sie eine schriftliche Bestätigung des Obsthändlers beschaffen?"

Und das konnte er, er brachte ein schriftliches Attest.

„Das ist doch merkwürdig!", sagte die Herrschaft.

Nun kamen jeden Tag große Schalen mit diesen prächtigen Äpfeln und Birnen aus ihrem eigenen Garten auf den Herrschaftstisch; scheffel- und tonnenweise wurden diese Früchte an Freunde innerhalb und außerhalb der Stadt, ja selbst ins Ausland versandt. Es war ein reines Vergnügen! Doch mussten sie hinzufügen, dass es ja auch zwei besonders gute Sommer für

Baumfrüchte gewesen seien, überall im Lande seien sie gut geraten.

Einige Zeit verging. Die Herrschaft speiste eines Mittags bei Hofe. Am Tag darauf wurde der Gärtner zu seiner Herrschaft gerufen. Sie hatte bei der Tafel Melonen aus dem Treibhaus der Majestäten bekommen, so saftig und wohlschmeckend.

„Sie müssen zum Hofgärtner gehen, guter Larsen, und uns einige Kerne von diesen köstlichen Melonen beschaffen!"

„Aber der Hofgärtner hat die Kerne von uns bekommen!", sagte der Gärtner ganz vergnügt.

„So hat der Mann die Früchte zu einer höheren Entwicklung zu bringen gewusst!", antwortete die Herrschaft. „Jede Melone war ausgezeichnet!"

„Ja, dann kann ich stolz sein!", sagte der Gärtner. „Ich muss der gnädigen Herrschaft sagen, dass der Schlossgärtner in diesem Jahr kein Glück mit seinen Melonen gehabt hat, und als er sah, wie prächtig unsere standen, und sie kostete, da bestellte er drei von diesen aufs Schloss!"

„Larsen! Bilden Sie sich doch nicht ein, dass das Melonen aus unserem Garten waren!"

„Ich glaube es!", sagte der Gärtner, ging zum Schlossgärtner und bekam von ihm einen schriftlichen Beweis, dass die Melonen auf der königlichen Tafel vom Herrenhof gekommen waren. Das war wirklich eine Überraschung für die Herrschaft, und sie verschwieg die Geschichte nicht, sie zeigte das Attest vor, ja, es wurden Melonenkerne weit herumgesandt, ebenso wie früher die Pfropfreiser. Von denen bekam man Nachricht, dass sie anschlugen, ganz ausgezeichnet Früchte ansetzten und dass sie nach dem Gutshof der Herrschaft benannt wurden, so dass der Name nun auf Englisch, Deutsch und Französisch zu lesen war.

Das hätte man nie zuvor gedacht!

„Wenn nur der Gärtner keine zu große Meinung von sich selbst bekommt!", sagte die Herrschaft.

Er nahm es anders auf: er wollte nun gerade danach streben, seinen Namen als einen der besten Gärtner des Landes zu behaupten, zu versuchen, jedes Jahr etwas Vorzügliches bei allen Gartengewächsen hervorzubringen, und das tat er auch; aber oft bekam er doch zu hören, dass die allerersten Früchte, die er gebracht hatte, die Äpfel und Birnen, eigentlich die besten gewesen seien, alle späteren Arten stünden weit darunter. Die Melonen seien freilich sehr gut gewesen, aber das war ja etwas ganz anderes. Die Erdbeeren könnten vortrefflich genannt werden, aber doch nicht besser als die, die andere Herrschaften hatten, und als die Rettiche in einem Jahr nicht gediehen, da wurde nur von den misslungenen Rettichen gesprochen und nicht von dem anderen Guten, das gebracht wurde.

Es war fast, als fühle sich die Herrschaft erleichtert, wenn sie sagen konnte: „Dieses Jahr glückte es nicht, lieber Larsen!" Sie war sogar ganz froh, wenn sie sagen konnte: „Dieses Jahr glückte es nicht!"

Ein paarmal in der Woche brachte der Gärtner frische Blumen ins Zimmer, immer sehr geschmackvoll angeordnet, die Farben kamen durch die Zusammenstellung gleichsam in ein stärkeres Licht.

„Sie haben Geschmack, Larsen", sagte die Herrschaft, „das ist eine Gabe, die Ihnen von Gott gegeben ist und die Sie nicht aus sich selbst haben!"

Eines Tages kam der Gärtner mit einer großen Kristallschale, in der ein Seerosenblatt lag; darauf war, mit dem langen, dicken Stiel im Wasser, eine strahlend blaue Blume gelegt, groß wie eine Sonnenblume.

„Der Lotos von Hindostan!", rief die Herrschaft aus.

Eine solche Blüte hatten sie niemals gesehen; und sie wurde am Tage in den Sonnenschein und am Abend ins Lampenlicht gestellt. Jeder, der sie sah, fand sie besonders schön und selten, ja, das sagte selbst die Vornehmste unter den jungen Damen des Landes, und sie war eine Prinzessin; klug und herzensgut war sie.

Die Herrschaft sah es als eine Ehre an, ihr die Blüte zu überreichen, und sie kam mit der Prinzessin aufs Schloss.

Nun ging die Herrschaft in den Garten, um selbst eine Blume von dieser Art zu pflücken, wenn eine solche noch zu finden wäre, aber sie war nicht zu finden. So rief sie den Gärtner und fragte, woher er die blaue Lotosblüte habe.

„Wir haben sie vergeblich gesucht!", sagte sie. „Wir sind in den Treibhäusern und überall im Blumengarten gewesen!"

„Nein, dort ist sie freilich nicht!", sagte der Gärtner. „Sie ist eine geringe Blume aus dem Gemüsegarten! Aber nicht wahr, wie ist sie hübsch! Sie sieht aus, als wäre sie ein blauer Kaktus, und ist doch nur die Blüte einer Artischocke!"

„Das hätten Sie uns gleich sagen sollen!", sagte die Herrschaft. „Wir mussten glauben, dass es eine fremde, seltene Blume sei. Sie haben uns vor der jungen Prinzessin bloßgestellt! Sie sah die Blume bei uns, fand sie so schön, kannte sie nicht, und sie ist doch ganz bewandert in der Botanik, aber diese Wissenschaft hat mit Küchenkräutern nichts zu tun! Wie konnte es Ihnen einfallen, guter Larsen, eine solche Blume ins Zimmer zu stellen? Das macht uns ja lächerlich!"

Und die schöne blaue Prachtblume, die aus dem Gemüsegarten geholt worden war, wurde aus dem Herrschaftszimmer, in das sie nicht gehörte, hinausgeworfen, ja, die Herrschaft entschuldigte sich bei der Prinzessin und erzählte, dass die Blume nur ein Küchenkraut sei, das der Gärtner hingestellt habe, aber er habe dafür eine ernste Zurechtweisung erhalten.
„Das ist schade und unrecht!", sagte die Prinzessin. „Er hat ja unsere Augen für eine Prachtblume geöffnet, der wir gar keine Beachtung schenkten, er hat uns die Schönheit gezeigt, wo wir sie nie gesucht hätten. Der Schlossgärtner soll mir jeden Tag, solange die Artischocken

Blüten tragen, eine in mein Zimmer bringen!"
Und das geschah.

Die Herrschaft ließ dem Gärtner sagen, dass er ihr wieder eine frische Artischockenblüte bringen könnte.

„Sie ist im Grunde genommen hübsch", sagten sie, „höchst merkwürdig!" Und der Gärtner bekam ein Lob.

„Das hat Larsen gern!", sagte die Herrschaft. „Er ist ein verwöhntes Kind!"

Im Herbst wütete ein entsetzlicher Sturm; er nahm in der Nacht noch zu, so gewaltig, dass viele große Bäume am Rand des Waldes mit der Wurzel ausgerissen wurden, und zum großen Kummer der Herrschaft – Kummer nannte sie es –, aber zur Freude des Gärtners, wurden die beiden großen Bäume mit all den Vogelnestern umgeblasen. Man hörte durch den Sturm das Schreien der Raben und Krähen; sie schlugen mit den Flügeln an die Scheiben, sagten die Leute auf dem Hof.

„Nun sind Sie wohl froh, Larsen!", sagte die

Herrschaft; „der Sturm hat die Bäume gefällt,
und die Vögel haben den Wald aufgesucht. Hier
gibt es nichts mehr aus der alten Zeit zu sehen;
jede Spur und jede Andeutung ist fort! Uns hat
das betrübt!"

Der Gärtner sagte nichts, aber er dachte nun
an das, woran er schon lange gedacht hatte;
den prächtigen Sonnenplatz, über den er vorher
nicht verfügte, so recht auszunutzen; er sollte
ein Schmuck des Gartens und eine Freude der
Herrschaft werden.

Die großen umgeblasenen Bäume hatten die
uralten Buchsbaumhecken mit all ihren Figuren
zerdrückt und zerschlagen. Er pflanzte hier ein
Dickicht von Gewächsen an, heimische Pflanzen aus Feld und Wald.

Woran kein anderer Gärtner gedacht hätte, das
pflanzte er hier in reicher Fülle in den Herr-
schaftsgarten, und zwar so, wie jede Pflanze es
brauchte, und in Schatten und Sonnenschein,
wie jede Art es verlangte. Er pflegte es mit Liebe, und es wuchs prächtig.

Der Wacholderbusch aus der jüdischen Heimat erhob sich in Form und Farbe wie Italiens Zypresse, der blanke, stachlige Christdorn, immer grün, in Winterkälte und Sommersonne, stand dort herrlich anzusehen. Davor wuchsen Farnkräuter, viele verschiedene Arten, einige sahen aus, als wären sie Kinder der Palme, und andere, als wären sie die Eltern der feinen, schönen Pflanze, die wir Venushaar nennen. Hier stand die gering geachtete Klette, die in ihrer Frische so hübsch war, dass sie in einen Strauß gepasst hätte. Die Klette stand auf trockenem Boden, aber tiefer, auf feuchterem Grund, wuchs der Ampfer, auch eine verachtete Pflanze, und doch so malerisch und hübsch in seiner Höhe und mit seinen mächtigen Blättern. Armhoch, Blüte an Blüte, wie ein mächtiger, vielarmiger Kandelaber, erhob sich die Königskerze, vom Feld hierher verpflanzt. Hier standen Waldmeister, Kuhblumen und Waldmaiglöckchen, die wilde Kalla und der dreiblättrige feine Sauerklee. Es war herrlich anzusehen.

Davor wuchsen, durch Drahtgitter gestützt, in Reihen ganz kleine Birnbäume aus französischer Erde, sie bekamen Sonne und gute Pflege und trugen bald große, saftige Früchte wie in dem Land, aus dem sie kamen.

An Stelle der beiden alten blattlosen Bäume wurde eine hohe Fahnenstange errichtet, an welcher der Danebrog wehte, und dicht dabei noch eine Stange, an welcher sich zur Sommers- und Herbstzeit Hopfenranken mit ihren duftenden Blütenkugeln emporwanden, wo aber im Winter nach altem Brauch eine Hafergarbe aufgehängt wurde, damit die Vögel des Himmels in der frohen Weihnachtszeit ihre Mahlzeit halten konnten.

„Der gute Larsen wird in seinen alten Tagen sentimental!", sagte die Herrschaft. „Aber er ist uns treu und ergeben!"

Zu Neujahr erschien in einem der illustrierten Blätter der Hauptstadt ein Bild des alten Hofes; man sah die Fahnenstange und die Hafergarbe

für die Vögel des Himmels zur frohen Weihnachtszeit, und es wurde besprochen und als
ein hübscher Gedanke hervorgehoben, dass hier
ein alter Brauch zu Recht und Ehre gebracht
worden sei.

„Für alles, was dieser Larsen tut, schlägt man
die Trommel. Das ist ein glücklicher Mann! Wir
müssen ja beinah stolz sein, dass wir ihn haben!", sagte die Herrschaft.

Aber sie waren gar nicht stolz darauf! Sie fühl-
ten sich nur als die Herrschaft, die Larsen kün-
digen konnte, aber das taten sie nicht; es waren
gute Menschen, und von ihrer Art gibt es so
viele gute Menschen, und das ist erfreulich für
jeden Larsen.

Ja, das ist die Geschichte von „dem Gärtner und
der Herrschaft".

Nun kannst du darüber nachdenken!

Weit und schön ist die Welt

JOHANN WOLFGANG VON GOETHE

Weit und schön ist die Welt!
Doch o wie dank ich dem Himmel,
dass dein Gärtchen, beschränkt, zierlich,
mir eigen gehört!
Bringt mich wieder nach Hause!
Was hat ein Gärtner zu reisen?
Ehre bringt's ihm und Glück,
wenn er sein Gärtchen besorgt.

Singe die Gärten ...

RAINER MARIA RILKE

Singe die Gärten, mein Herz, die du nicht
kennst; wie in Glas
eingegossene Gärten, klar, unerreichbar.
Wasser und Rosen von Ispahan oder Schiras,
singe sie selig, preise sie, keinem vergleichbar.

Zeige, mein Herz, dass du sie niemals
entbehrst.
Dass sie dich meinen, ihre reifenden Feigen.
Dass du mit ihren, zwischen den blühenden
Zweigen
wie zum Gesicht gesteigerten Lüften verkehrst.

Meide den Irrtum, dass es Entbehrungen gebe
für den geschehnen Entschluss, diesen: zu sein!
Seidener Faden, kamst du hinein ins Gewebe.

Welchem der Bilder du auch im Innern geeint bist
(sei es selbst ein Moment aus dem Leben der Pein),
fühl, dass der ganze, der rühmliche Teppich gemeint ist.

Der Stein und das Gänseblümchen

REGINA MEIER ZU VERL

*E*s war Frühling. In einem verwilderten Garten lag ein Stein.
Auf seiner Oberfläche war eine Mulde, in der hielt sich nach dem Regen das Wasser. So diente der Findling den Vögeln als Tränke.
Dem Stein gefiel das. Viele Jahre hatte er sich Gedanken darüber gemacht, was er eigentlich wert sei.
Die Bäume hatten es gut. Sie legten im Frühling ihr grünes Blätterkleid an und spendeten den Menschen und Tieren Schatten. Manche waren sogar voller Früchte und wenn der Stein sah, dass die Kinder von den süßen Kirschen naschten, dann wurde er immer ein wenig neidisch.
Ja, und die Blumen, diese zarten Geschöpfe, sie

waren die Geschwister der Sterne. Das wusste
der Stein von der alten Walli, die den Kindern
immer so schöne Geschichten erzählte. Manchmal setzte sich die Walli zum Erzählen ins Gras
und lehnte sich an den Stein. Diese Momente
waren ihm heilig. Was gab es Schöneres, als
einer Geschichte zu lauschen?

Wie gern hätte der Stein die Walli gefragt, was
seine Rolle auf der Welt sei.

Manchmal machte eine Hummel Rast auf dem
Stein, das kitzelte und der Stein musste lachen.
„Na, Dickerchen", kicherte die Hummel, „habe
ich dich am Bauch gekitzelt?" Da musste der
Stein noch mehr lachen.

Der Stein hatte immer wieder versucht mit
den Menschen zu reden. Doch nie hatte ihm
jemand geantwortet. Entweder hörten sie ihn
nicht, oder sie verstanden nicht, was er sagte.
Wie anders sollte er sich bemerkbar machen, es
gelang ihm nicht, sich von der Stelle zu rühren,
so sehr er sich auch anstrengte.

Einmal aber, vor vielen Jahren, war es ihm fast

gelungen ein wenig zur Seite zu rollen. Damals hatte ein Gänseblümchen zu ihm gesprochen und da es ganz nah bei ihm stand, konnte er es nicht sehen. Die liebliche Stimme des Blümchens hatte ihn aber so verzückt, dass er es unbedingt anschauen wollte.

„Geh ein wenig weiter, damit ich dich sehen kann", bat er. Doch das Gänseblümchen sagte traurig: „Das geht nicht, ich bin eine Pflanze und ich habe meine Wurzeln im Erdreich. Schau dir meine Schwestern an, dann weißt du, wie ich aussehe."

„Deine Schwestern sind wunderschön, aber das ist doch nicht das gleiche, als wenn ich dich betrachten könnte", jammerte der Stein, nahm all seine Kraft zusammen und versuchte, ein wenig zur Seite zu rollen. Dabei ächzte und stöhnte er vor Anstrengung.

„Pst, sei leise", flüsterte das Blümchen. „Da kommen die Kinder, sicher wollen sie wieder Blütenkränze flechten."

Das Blümchen verhielt sich mucksmäuschen-

still. Annika und Tine setzten sich auf den Stein,
der von der Sonne ganz warm war.

„Sollen wir uns ein Kränzchen machen?", fragte
Annika.

„Das ist langweilig, lass uns Geschichten erfin-
den, das macht mehr Spaß", schlug sie vor.

Der Stein war erleichtert, es hätte gut sein
können, dass es seinem Gänseblümchen an den
Kragen gegangen wäre.

„Sag mal", fragte Annika, „wie findest du eigentlich den Neuen in der Klasse?"

Tine bekam ein knallrotes Gesicht.

„Geht so!", antwortete sie.

„Na, du bist doch wohl nicht verknallt?", lachte
Annika, sprang auf und tanzte um den Stein
herum. Dabei sang sie: „Tine liebt den Neuen,
Tine liebt den Neuen!"

„So ein Quatsch!" Tine stampfte verärgert mit
dem Fuß auf.

„Hast du denn nicht bemerkt, dass er dich in
der Stunde immer nur anschaut und auf dem
Schulhof läuft er auch dauernd hinter dir her",

behauptete Annika und grinste von einem Ohr zum anderen.

„Das ist gar nicht wahr", stammelte Tine, aber irgendwie gefiel ihr der Gedanke doch sehr gut, denn der Felix, so hieß der Neue, war ein netter Junge.

„Es lässt sich leicht feststellen, Moment!" Annika pflückte ein Gänseblümchen und hielt es Tine hin. „Hier, du musst nur die Blütenblätter auszupfen und dabei sagen: „Er liebt mich, er liebt mich nicht ... solange, bis kein weißes Blättchen mehr zu sehen ist. Dann weißt du's!"

Tine nahm das Blümchen und stellte es in die Wassermulde auf dem Stein.

„Du bist gemein, es vertrocknet doch!" Sie nahm sich aber vor, später wieder her zu kommen und den Test zu machen, wenn Annika nach Hause gegangen war. Sie musste ja schließlich nicht alles wissen.

Der Stein aber war verärgert. Die Menschen konnten ja ganz nett sein, und die Kinder mochte er besonders gern leiden. Schade, dass sie gar nicht darüber nachdachten, dass das arme Gänseblümchen nun sterben musste. Ach könnte er doch reden, dann würde er den Mädchen schon was erzählen.

Am Abend kam Tine noch einmal in den Garten und setzte sich auf den Stein. Sie betrachtete lange das Gänseblümchen, das sich im Wasser frisch gehalten hatte und jetzt die Blütenblätter geschlossen hielt wie jeden Abend.

„Ich werde dir die Blättchen nicht auszupfen, kleine Blume. Mir ist es auch egal, ob er mich liebt. Wenn es so sein sollte, dann werde ich das schon merken."

Könnte der Stein lächeln, dann hätte er das jetzt sicher getan.

„Wenn der Felix dich nicht liebt, dann ist aber einer da, der dich ganz arg gern hat", dachte der Stein und dann seufzte er laut: „Ich liebe dich!"

„Ich dich auch!", sagte Tine und streichelte den Stein. Dann ging sie zurück ins Haus.

„Und ich auch", flüsterte das Gänseblümchen und seine zarten Blütenblätter erröteten ganz leicht an den Spitzen. Der Stein war nicht ganz sicher, ob es ihn, oder die Tine gemeint hatte. Er wollte es auch gar nicht wissen, er würde es schon merken.

Sie war ein Blümlein ...

WILHELM BUSCH

Sie war ein Blümlein hübsch und fein,
Hell aufgeblüht im Sonnenschein.
Er war ein junger Schmetterling,
Der selig an der Blume hing.

Oft kam ein Bienlein mit Gebrumm
Und nascht und säuselt da herum.
Oft kroch ein Käfer kribbelkrab
Am hübschen Blümlein auf und ab.

Ach Gott, wie das dem Schmetterling
So schmerzlich durch die Seele ging.

Doch was am meisten ihn entsetzt,
Das Allerschlimmste kam zuletzt.
Ein alter Esel fraß die ganze
Von ihm so heiß geliebte Pflanze.

In einem alten Garten

GEORG TRAKL

Resedaduft entschwebt im braunen Grün,
Geflimmer schauert auf den schönen Weiher,
Die Weiden stehn gehüllt in weiße Schleier
Darinnen Falter irre Kreise ziehn.

Verlassen sonnt sich die Terrasse dort,
Goldfische glitzern tief im Wasserspiegel,
Bisweilen schwimmen Wolken übern Hügel,
Und langsam gehn die Fremden wieder fort.

Die Lauben scheinen hell, da junge Frau'n
Am frühen Morgen hier vorbeigegangen,
Ihr Lachen blieb an kleinen Blättern hangen,
In goldenen Dünsten tanzt ein trunkener Faun.

Die beiden Gärtner

ANTOINE DE SAINT-EXUPÉRY

*W*enn du bei deinem Freunde und bei dir selber, anderswo als in dir und anderswo als in ihm, die gemeinsame Wurzel suchst, wenn es für euch beide einen göttlichen Knoten gibt, der sich aus der Zusammenhanglosigkeit der Baustoffe ablesen lässt und die Dinge verknüpft, so gibt es keine Entfernung und keine Zeit, die euch trennen könnte, denn jene Götter, auf die sich eure Einheit gründet, spotten aller Mauern und Meere.

Ich habe einen alten Gärtner gekannt, der mir von seinem Freund erzählte. Beide hatten lange Zeit wie Brüder zusammengelebt, bevor das Leben sie trennte; sie hatten ihren Abendtee miteinander getrunken; sie hatten gleiche Feste gefeiert und einander aufgesucht, um sich Rat zu holen oder sich ins Vertrauen zu ziehen. Im Grunde hatten sie sich wenig zu sagen, und weit häufiger sah man sie nach getaner Arbeit spazierengehen und, ohne ein Wort zu reden, die Blumen, die Gärten, den Himmel und die Bäume anschauen. Wenn aber einer von ihnen nickte, während er mit dem Finger eine Pflanze betastete, beugte sich auch der andere nieder und nickte ebenfalls, da er die Spuren der Schnecken erkannte. Und die schön geöffneten Blumen bereiteten ihnen beiden die gleiche Freude.

Nun geschah es, dass ein Kaufmann, der den einen von beiden in seine Dienste genommen hatte, diesen für einige Wochen seiner Karawane zuteilte. Doch die Karawanenräuber und die übrigen Wechselfälle des Daseins sowie die Kriege zwischen den Reichen, die Stürme und die Schiffbrüche und die Untergänge, die Trauerfälle und die Berufe, mit denen er sein Leben verdiente, warfen jenen jahrelang hin und her, so wie das Meer ein Fass hin und her schleudert. Sie trieben ihn von Garten zu Garten bis ans Ende der Welt.

Schließlich aber, nachdem all die Zeit in Schweigen dahingegangen war, empfing mein Gärtner einen Brief seines Freundes. Gott weiß, wie viele Jahre dieser Brief gereist sein mochte. Gott weiß, welche Postkutschen, welche Reiter, welche Schiffe, welche Karawanen ihn nacheinander mit einer Zähigkeit, wie sie den zahllosen Meereswellen eigen ist, bis in seinen Garten befördert hatten. Und da er an diesem Morgen sein Glück ausstrahlte und wünschte, dass man daran teilnehme, bat er mich, ihm den Brief vorzulesen, den er empfangen hatte, so wie man darum bittet, man möge ein Gedicht vorlesen. Und er betrachtete forschend mein Gesicht, um die Rührung darin zu erkennen, die mir das Lesen verursachte. Und freilich standen da nur einige Worte, denn die beiden Gärtner wussten gewandter mit dem Spaten umzugehen als mit der Feder. Und ich las nur

diese Worte: „Heute früh habe ich meine Rosenstöcke beschnitten ..." Dann sann ich über
die Hauptsache nach, von der es mir schien,
dass sie nicht in Worte zu fassen sei und nickte
stumm, so wie diese beiden es getan hätten.
Mein Gärtner kannte nun keine Ruhe mehr. Ihr
hättet ihn sehen sollen, wie er sich über die
Geografie, die Schifffahrt, die Kuriere und die
Karawanen und die Kriege zwischen den Reichen unterrichtete. Und drei Jahre später wollte es der Zufall, dass ich eine Gesandtschaft
zur anderen Seite der Erde ausrüstete. Da ließ
ich meinen Gärtner rufen: „Du kannst deinem
Freund schreiben."

Und meine Bäume litten ein wenig Not und
die Kräuter des Gemüsegartens auch, während die Schnecken Feste feierten, denn mein
Gärtner verbrachte ganze Tage daheim, um zu
kritzeln, zu radieren und sein Werk wieder von
vorn zu beginnen, und er streckte die Zunge
heraus, wie ein Kind über seiner Arbeit, denn

er wusste, dass er etwas Dringendes zu sagen hatte, und verlangte danach, sich seinem Freund in seiner ganzen Wahrheit mitzuteilen. Er musste seine eigene Brücke über den Abgrund schlagen und sich über Raum und Zeit hinweg mit dem anderen Teil seiner selbst vereinigen. Er musste ihm seine Liebe sagen. Und so kam er, über und über errötend, und zeigte mir seine Antwort, um abermals aus meinem Gesicht einen Widerschein der Freude abzulesen, wie sie den Empfänger erhellen würde, und so an mir die Macht zu erproben, die seinen vertraulichen Nachrichten innewohnte. Und es gab in Wahrheit nichts Wichtigeres, was er kundtun konnte, da es für ihn dabei um das ging, worin er sich vor allem austauschte, nach Art der alten Frauen, die im Spiel der Nadeln ihre Augen verbrauchen, um ihren Gott mit Blumen zu schmücken. Ich las, dass er seinem Freund mit seiner sorgsamen und unbeholfenen Handschrift, wie ein Gebet, von dem er ganz durchdrungen war, doch mit bescheidenen Worten anvertraute: „Heute früh habe auch ich meine Rosenstöcke beschnitten ..." Und ich verstummte, während ich las, und sann über die Hauptsache nach, die sich mir nun besser zu offenbaren begann, denn sie verherrlichten dich, o Herr, indem sie sich über die Rosenstöcke hinweg in dir vereinigten, ohne davon zu wissen.

Hausgarten

JOHANN WOLFGANG VON GOETHE

Hier sind wir denn vorerst ganz still zu Haus,
Von Tür zu Türe sieht es lieblich aus;
Der Künstler froh die stillen Blicke hegt,
Wo Leben sich zum Leben freundlich regt.
Und wie wir auch durch ferne Lande ziehn,
Da kommt es her, da kehrt es wieder hin;
Wir wenden uns, wie auch die Welt entzücke,
Der Enge zu, die uns allein beglücke.

Es blüht das fernste, tiefste Tal ...

LUDWIG UHLAND

Die linden Lüfte sind erwacht,
sie säuseln und weben Tag und Nacht,
sie schaffen an allen Enden.

O frischer Duft, o neuer Klang!
Nun, armes Herze, sei nicht bang!
Nun muss sich alles, alles wenden.

Die Welt wird schöner mit jedem Tag,
man weiß nicht, was noch werden mag,
das Blühen will nicht enden.
Es blüht das fernste, tiefste Tal:
Nun, armes Herz, vergiss der Qual!
Nun muss sich alles, alles wenden!

Aprilbrief

HERMANN HESSE

*D*ie eigentliche Blumenzeit dieses Frühlings war regenlos, von den ersten Primeln bis zu den ersten Anemonen und Kamelien war die Erde dürr und staubig und immer wieder vom beharrlichen Nordföhn bestrichen, nachts sah man zuweilen Waldbrände in langen Feuerzeilen die Berge hinankriechen, und es war rührend und mitleiderregend, wie trotz allem aus dem harten starren Boden die Tausende und Tausende von Veilchen, der Krokus, der Blausterne, des Augentrost, der Taubnessel hervorkamen, wie sie die kleinen zarten Köpfchen dem erbarmungslosen Nordwinde hinhielten, trotz allem lachend und üppig in ihrer zahllosen Menge. Nur das Grün hielt sich zurück, im

Wald wie auf den Wiesen, einzig der Bambus
am Rand meines kleinen Gehölzes wehte mit
lichtem jungem Grün.

Der Frühling ist für die meisten alten Leute
keine gute Zeit; er setzte auch mir gewaltig zu.
Die Pülverchen und ärztlichen Spritzen halfen
wenig; die Schmerzen wuchsen üppig wie die
Blumen im Gras, und die Nächte waren schwer
zu bestehen. Dennoch brachte beinahe jeder
Tag in den kurzen Stunden, die ich draußen sein
konnte, Pausen des Vergessens und der Hingabe
an die Wunder des Frühlings, und zuweilen Augenblicke des Entzückens und der Offenbarung,
deren jede des Festhaltens wert wäre, wenn
es nur eben ein Festhalten gäbe, wenn diese
Wunder und Offenbarungen sich beschreiben
und weitergeben ließen. Sie kommen überra-
schend, dauern Sekunden oder Minuten, diese
Erlebnisse, in denen ein Vorgang im Leben der
Natur uns anspricht und sich uns enthüllt, und
wenn man alt genug ist, kommt es einem dann
so vor, als sei das ganze lange Leben mit Freu-

den und Schmerzen, mit Lieben und Erkennen, mit Freundschaften, Liebschaften, mit Büchern, Musik, Reisen und Arbeiten nichts gewesen als ein langer Umweg zur Reife dieser Augenblicke, in welchen im Bilde einer Landschaft, eines Baumes, eines Menschengesichtes, einer Blume sich Gott uns zeigt, sich der Sinn und Wert alles Seins und Geschehens darbietet. Und in der Tat: Haben wir auch vermutlich in jungen Jahren den Anblick eines blühenden Baumes, einer Wolkenformation, eines Gewitters heftiger und glühender erlebt, so bedarf es für das Erlebnis, das ich meine, doch eben des hohen Alters, es bedarf einer unendlichen Summe von Gesehenem, Erfahrenem, Gedachtem, Empfundenem, Erlittenem, es bedarf einer gewissen Verdünnung der Lebenstriebe, einer gewissen Hinfälligkeit und Todesnähe, um in einer kleinen Offenbarung der Natur den Gott, den Geist, das Geheimnis wahrzunehmen, den Zusammenfall der Gegensätze, das große Eine. Auch Junge können das erleben, gewiß, aber seltener, und ohne diese Einheit von Empfindung und Gedanke, von sinnlichem und geistigem Erlebnis, von Reiz und Bewußtsein.

Noch während unseres trockenen Frühlings, ehe die Regenfälle und die Reihe von Gewittertagen kamen, hielt ich mich öfters an einer Stelle meines Weinbergs auf, wo ich um diese Zeit auf einem Stück noch nicht umgegrabenen Gartenbodens meine Feuerstelle habe. Dort ist in der Weißdornhecke, die den Garten abschließt, seit Jahren eine Buche gewachsen, ein Sträuchlein anfangs aus verflogenem Samen vom Walde her, mehrere Jahre hatte ich es nur vorläufig und etwas widerwillig stehenlassen, es tat mir um den Weißdorn leid, aber dann gedieh die kleine zähe Winterbuche so hübsch, daß ich sie endgültig annahm, und jetzt ist sie schon ein dickes Bäumchen und ist mir heute doppelt lieb, denn die alte mächtige Buche, mein Lieblingsbaum im ganzen benachbarten Wald, ist kürzlich geschlagen worden, schwer und gewaltig liegen drüben noch wie Säulentrommeln die Teile ihres zersägten Stammes. Ein Kind jener Buche ist wahrscheinlich mein Bäumchen.

Stets hat es mich gefreut und mir imponiert, mit welcher Zähigkeit meine kleine Buche ihre Blätter festhält. Wenn alles längst kahl ist, steht sie noch im Kleide ihrer welken Blätter, den Dezember, den Januar, den Februar hindurch, Sturm zerrt an ihr, Schnee fällt auf sie und tropft wieder von ihr ab, die dürren Blätter, anfangs dunkelbraun, werden immer heller, dünner, seidiger, aber der Baum entläßt sie nicht, sie müssen die jungen Knospen schützen. Irgend einmal dann in jedem Frühling, jedesmal später, als man es erwartete, war eines Tages der Baum verändert, hatte das alte Laub verloren und statt seiner die feucht beflognen, zarten neuen Knospen aufgesetzt. Diesmal nun war ich Zeuge dieser Verwandlung. Es war, bald nachdem der Regen die Landschaft grün und frisch gemacht hatte, eine Stunde am Nachmittag, um die Mitte des April, noch hatte ich in diesem Jahr keinen Kuckuck gehört und keine Narzisse in der Wiese entdeckt. Vor wenigen Tagen noch war ich bei kräftigem Nordwind hier gestanden, fröstelnd und den Kragen hochgeschlagen, und hatte mit Bewunderung zugesehen, wie die Buche gleichmütig im zerrenden Winde stand und kaum ein Blättchen hingab; zäh und tapfer, hart und trotzig hielt sie ihr gebleichtes altes Laub zusammen.

Und jetzt, heute, während ich bei sanfter windstiller Wärme bei meinem Feuer stand und Holz brach, sah ich es geschehen: es hob sich ein leiser sanfter Windhauch, ein Atemzug nur, und zu Hunderten und Tausenden wehten die so lang gesparten Blätter dahin, lautlos, leicht, willig, müde ihrer Ausdauer, müde ihres Trotzes und ihrer Tapferkeit. Was fünf, sechs Monate festgehalten und Widerstand geleistet hatte, erlag in wenigen Minuten einem Nichts, einem Hauch, weil die Zeit gekommen, weil die bittere Ausdauer nicht mehr nötig war. Hinweg stob und flatterte es, lächelnd, reif, ohne Kampf. Das

Windchen war viel zu schwach, um die so leicht
und dünn gewordenen kleinen Blätter weit weg
zu treiben, wie ein leiser Regen rieselten sie
nieder und deckten Weg und Gras zu Füßen des
Bäumchens, von dessen Knospen ein paar weni-
ge schon aufgebrochen und grün geworden waren. Was hatte sich mir nun in diesem überra-
schenden und rührenden Schauspiel offenbart?
War es der Tod, der leicht und willig vollzogene
Tod des Winterlaubes? War es das Leben, die
drängende und jubelnde Jugend der Knospen,
die sich mit plötzlich erwachtem Willen Raum
geschaffen hatte? War es traurig, war es erhei-
ternd? War es eine Mahnung an mich, den Alten,
mich auch flattern und fallen zu lassen, eine
Mahnung daran, daß ich vielleicht Jungen und
Stärkeren den Raum wegnahm? Oder war es
eine Aufforderung, es zu halten wie das Buchen-
laub, mich so lang und zäh auf den Beinen zu
halten wie nur möglich, mich zu stemmen und
zu wehren, weil dann, im rechten Augenblick,
der Abschied leicht und heiter sein werde? Nein,

es war, wie jede Schauung, ein Sichtbarwerden
des Großen und Ewigen, des Zusammenfalls
der Gegensätze, ihres Zusammenschmelzens
im Feuer der Wirklichkeit, es bedeutete nichts,
mahnte zu nichts, vielmehr es bedeutete alles,
es bedeutete das Geheimnis des Seins, und es
war schön, war Glück, war Sinn, war Geschenk
und Fund für den Schauenden, wie es ein Ohr
voll Bach, ein Auge voll Cézanne ist. Diese Namen und Deutungen waren nicht das Erlebnis,
sie kamen erst nachher, das Erlebnis selbst war
nur Erscheinung, Wunder, Geheimnis, so schön
wie ernst, so hold wie unerbittlich. –
Am selben Ort, bei der Weißdornhecke und
nahe der Buche, nachdem inzwischen die Welt
saftig grün geworden und am Ostersonntag der
erste Kuckucksruf in unserem Walde erklungen
war, an einem der laufeuchten, wechselvollen,
windbewegten Gewittertage, die schon den
Sprung vom Frühling in den Sommer vorbe-
reiten, sprach in einem nicht minder gleich-
nishaften Augenerlebnis das große Geheimnis

mich an. Am schwer bewölkten Himmel, der dennoch immer wieder grelle Sonnenblicke in das keimende Grün des Tales warf, fand großes Wolkentheater statt, der Wind schien von allen Seiten zugleich zu wehen, doch wog die Südnordrichtung vor. Unruhe und Leidenschaft erfüllten die Atmosphäre mit starken Spannungen. Und mitten im Schauspiel stand, meinem Blick sich plötzlich aufdrängend, wiederum ein Baum, ein junger schöner Baum, eine frisch belaubte Pappel im Nachbargarten. Wie eine Rakete schoß sie empor, wehend, elastisch, mit spitzem Wipfel, in den kurzen Windpausen straff geschlossen wie eine Zypresse, bei wachsendem Winde mit hundert dünnen, leicht auseinandergekämmten Zweigen gestikulierend. Hin und her wiegte und bäumte sich mit zart blitzendem Flüsterlaub der Wipfel des herrlichen Baumes, seiner Kraft und grünen Jugend froh, mit leisem sprechendem Schwanken wie das Zünglein einer Waage, jetzt wie im Neckspiel nachgebend, jetzt eigenwillig zurück-

schnellend (viel später erst fiel mir ein, daß ich
schon einmal, vor Jahrzehnten, dies Spiel mit
offenen Sinnen an einem Pfirsichzweig beob-
achtet und in dem Gedicht „Der Blütenzweig"
nachgezeichnet hatte).

Mit Freude und furchtlos, ja mutwillig, über-
ließ die Pappel Zweige und Laubgewand dem
stark anschwellenden feuchten Winde, und
was sie in den Gewittertag hineinsang und was
sie mit spitzem Wipfel in den Himmel schrieb,
war schön, war vollkommen, war so heiter wie
ernst, so Tun wie Erleiden, so Spiel wie Schick-
sal, es enthielt wiederum alle Gegensätze und
Gegensinne. Nicht der Wind war Sieger und
stark, weil er den Baum so zu schütteln und
zu biegen vermochte, nicht der Baum war
Sieger und stark, weil er aus jeder Beugung
elastisch und triumphierend zurückzuschnellen
vermochte, es war das Spiel von beidem, der
Einklang von Bewegung und Ruhe, von himmlischen und irdischen Mächten: der unendlich
gebärdenreiche Wipfeltanz im Sturm war nur

noch ein Bild, nur noch Offenbarung des Weltgeheimnisses, jenseits von Stark und Schwach, von Gut und Böse, von Tun und Leiden. Ich las, eine kleine Weile lang, eine kleine Ewigkeit lang, in ihm das sonst Verhüllte und Geheime rein und vollkommen dargestellt, reiner und vollkommener, als läse ich den Anaxagoras oder den Laotse. Und auch hier wieder schien es mir, als habe es, um dieses Bild zu schauen und diese Schrift zu lesen, nicht nur des Geschenkes einer Frühlingsstunde bedurft, sondern auch der Gänge und Irrgänge, Torheiten und Erfahrungen, Lüste und Leiden sehr vieler Jahre und Jahrzehnte, und ich empfand den lieben Pappelbaum, der mich mit dieser Schau beschenkte, durchaus als Knaben, als Unerfahrenen und Ahnungslosen. Ihn mußten noch viele Fröste und Schneefälle zermürben, noch manche Stürme rütteln, noch manche Blitze streifen und verletzen, bis vielleicht auch er des Schauens und des Horchens fähig und auf das große Geheimnis begierig sein würde. –

Besitz

HUGO VON HOFMANNSTHAL

*G*roßer Garten liegt erschlossen,
weite schweigende Terrassen:
Müsst mich alle Teile kennen,
jeden Teil genießen lassen!

Schauen auf vom Blumenboden,
auf zum Himmel durch Gezweige,
längs dem Bach ins Fremde schreiten,
niederwandeln sanfte Neige:

Dann erst komme ich zum Weiher,
der in stiller Mitte spiegelt,
mir des Gartens ganze Freude
träumerisch vereint entriegelt.

Aber solchen Vollbesitzes
tiefe Blicke sind so selten!
Zwischen Finden und Verlieren
müssen sie als göttlich gelten.

All in einem, Kern und Schale,
dieses Glück gehört dem Traum.
Tief begreifen und besitzen!
Hat dies wo im Leben Raum?

Sonne getrunken

MAX DAUTHENDEY

Die Amseln haben Sonne getrunken,
aus allen Gärten erstrahlen die Lieder,
in allen Herzen nisten die Amseln
und alle Herzen werden zu Gärten
und blühen wieder.

Nun wachsen der Erde die großen Flügel
und allen Träumen neues Gefieder,
alle Menschen werden wie Vögel
und bauen Nester im Blauen.

Nun sprechen die Bäume in grünem Gedränge
und rauschen Gesänge zur hohen Sonne,
in allen Seelen badet die Sonne,
alle Wasser stehen in Flammen,
Frühling bringt Wasser und Feuer
liebend zusammen.

Das Urbild des Lebens

CHRISTA WOLF

... falls Sie verstehen, was ich meine. Obwohl
der Garten nie wirklicher war als dieses Jahr.
Seit wir ihn kennen, das sind allerdings erst
drei Jahre, hat er nie zeigen dürfen, was in ihm
steckt. Nun stellt sich heraus, dass es nicht
mehr und nicht weniger war als der Traum,
ein grüner, wuchernder wilder, üppiger Garten
zu sein. Das Urbild eines Gartens. Der Garten
überhaupt. Ich muss sagen, das rührt uns. Wir
tauschen beifällige Bemerkungen über sein
Wachstum und verstehen im Stillen, dass er
seine Üppigkeit übertreibt; dass er jetzt nicht
anders kann, als zu übertreiben, denn wie sollte
er die seltene Gelegenheit nicht gierig aus-
nützen, aus den Abfällen, aus den immer noch

reichlichen Regenabfällen der fern und nah nie-
dergehenden Unwetter Gewinn zu ziehen?
Dem eenen sin Ul ist dem annern sin Nachtigall.

Der selbstsüchtige Riese

OSCAR WILDE

*W*enn die Kinder am Nachmittag aus der Schule kamen, gingen sie für gewöhnlich in den Garten des Riesen, um dort zu spielen.

Es war ein großer, wunderschöner Garten mit weichem, grünem Gras. Hier und da standen prächtige Blumen sternengleich auf der Wiese, außerdem zwölf Pfirsichbäume, die im Frühjahr zarte Blüten in rosa und perlweiß hervorbrachten und im Herbst reiche Frucht trugen. Die Vögel saßen in den Bäumen und sangen so lieblich, dass die Kinder im Spiel innehielten, um ihnen zuzuhören. „Wie glücklich sind wir doch hier!", riefen sie einander zu.

Eines Tages kam der Riese zurück. Er hatte seinen Freund besucht, den Menschenfresser von Cornwall, und er war sieben Jahre lang bei ihm geblieben. Nachdem die sieben Jahre vergangen waren, hatte der Riese all das gesagt, was zu sagen war; seine Gesprächsbereitschaft war nämlich begrenzt, und so entschied er sich dafür, in sein eigenes Schloss zurückzukehren. Als er dort ankam, sah er die Kinder in seinem Garten spielen.

„Was macht ihr hier?", schrie er mit äußerst mürrischer Stimme und die Kinder liefen verängstigt davon.

„Mein eigener Garten ist immer noch mein eigener Garten", sagte der Riese, „das muss jeder einsehen, und ich werde niemals jemandem außer mir selbst erlauben, darin zu spielen." Und so errichtete er eine hohe Mauer rings um den Garten und stellte ein Warnschild mit den folgenden Worten auf: Unbefugten ist der Zutritt bei Strafe verboten! – Er war wirklich ein sehr selbstsüchtiger Riese.

Die armen Kinder hatten von nun an keinen Ort mehr, wo sie spielen konnten. Sie versuchten auf der Straße zu spielen, aber diese war sehr staubig und voll mit spitzen Steinen, und das gefiel den Kindern nicht. Immer wieder schlenderten sie nach dem Unterricht um die hohe Mauer herum und sprachen von dem herrlichen Garten, der dahinter verborgen lag. „Wie glücklich waren wir doch dort", sagten sie zueinander. Dann kam der Frühling und überall – landauf, landab – waren kleine Blüten zu sehen, und junge Vögel zwitscherten vergnügt. Nur im Garten des selbstsüchtigen Riesen war immer noch Winter. Die Vögel wollten dort nicht singen und die Bäume vergaßen zu blühen, weil keine Kinder mehr da waren.

Einmal streckte eine wunderschöne Blume ihren Kopf aus dem Gras heraus, aber als sie das Hinweisschild sah, hatte sie so großes Mitleid mit den Kindern, dass sie sich sofort wieder in den Boden zum Schlafen zurückzog. Die einzigen, denen der Garten noch gefiel, waren der Schnee und der Frost. „Der Frühling hat diesen Garten vergessen", riefen sie erfreut, „wir werden das ganze Jahr über hier bleiben." Der Schnee bedeckte das Gras mit seinem dicken weißen Mantel und der Frost ließ alle Bäume silbern erscheinen. Dann luden sie den Nordwind ein, ihnen Gesellschaft zu leisten – und er kam. Er war in warme Felle gehüllt, brüllte unaufhörlich durch den Garten und blies die Schornsteinbleche hinunter. „Welch ein herrlicher Platz", schwärmte er, „wir sollten den Hagel bitten, uns zu besuchen." Und der Hagel kam. Jeden Tag prasselte er drei Stunden lang auf das Dach des Schlosses, bis er fast alle Ziegel zerstört hatte, und danach sauste er, so schnell er konnte, quer durch den Garten. Er war ganz in grau gekleidet und sein Atem war so kalt wie Eis.

„Ich kann nicht verstehen, warum der Frühling in diesem Jahr so spät kommt", sagte der selbstsüchtige Riese, als er an dem Fenster saß und in seinen kalten weißen Garten blickte; „ich hoffe, dass sich das Wetter bald ändert." Aber es kamen weder Frühling noch Sommer.

Der Herbst beschenkte jeden Garten mit goldenen Früchten, nur den Garten des Riesen sparte er aus. „Er ist zu selbstsüchtig", sagte der Herbst. So war anhaltender Winter im Garten; und der Nordwind, der Hagel, der Frost und der Schnee tanzten im Wechsel zwischen den Bäumen herum.

Eines Morgens lag der Riese wach in seinem Bett, als er eine wunderschöne Musik hörte. Sie klang so lieblich in seinen Ohren, dass er dachte, es könnten nur die Musiker des Königs sein, die vorbeizögen. In Wirklichkeit aber war es nur ein kleiner Hänfling, der draußen vor seinem Fenster sang; aber es war so lange her, seit er einen Vogel in seinem Garten hatte singen hören, dass er das Gefühl hatte, die schönste Musik der Welt zu vernehmen. In diesem Moment hörte der Hagel auf, über seinem Kopf herumzutanzen, der Nordwind stellte sein Gebrüll ein und ein köstlicher Duft strömte ihm durch das geöffnete Fenster entgegen. „Ich glaube, nun kommt der Frühling wohl doch noch", sagte der

Riese, sprang aus dem Bett und guckte nach draußen. Und was sah er da?

Es war der wundervollste Anblick, den man sich denken konnte. Die Kinder waren durch ein kleines Loch in der Mauer in den Garten gekrochen und saßen nun auf den Zweigen der Bäume – in jedem Baum, den er sehen konnte, ein kleines Kind. Und die Bäume waren so froh, die Kinder endlich wieder bei sich zu haben, dass sie sich mit Blüten schmückten und ihre Zweige gleich schützenden Händen über den Köpfen der Kinder auf und ab bewegten. Die Vögel flogen umher und zwitscherten vor Vergnügen und die Blumen schauten lachend aus dem frischen grünen Gras heraus. Es war ein anmutiges Bild, nur in einer Ecke des Gartens war noch immer Winter. Dort, in dem entferntesten Winkel, stand ein kleiner Junge. Er war so klein, dass er nicht an die Zweige des Baumes heranreichen konnte; immer wieder ging er um ihn herum und weinte bitterlich. Der arme Baum war immer noch über und über mit Eis und Schnee bedeckt und der Nordwind blies und heulte über ihn hinweg. „Klettere nur hinauf, kleiner Junge!", sagte der Baum freundlich, und beugte seine Zweige so tief herunter, wie er konnte, aber der Junge war einfach zu klein.

Als der Riese das sah, wurde es ihm ganz warm um das Herz. „Wie selbstsüchtig bin ich gewesen!", sprach er reumütig zu sich selbst, „jetzt verstehe ich, warum der Frühling nicht in meinen Garten kommen wollte. Ich werde den kleinen Jungen auf die Spitze des Baumes setzen und danach die Mauer niederreißen. Von nun an soll der Garten auf ewig der Spielplatz der Kinder sein." Er bedauerte aufrichtig, was er getan hatte.

Der Riese schlich nach unten, öffnete ganz leise die Haustür und trat in den Garten. Aber als die Kinder ihn sahen, hatten sie solche Angst, dass sie alle davonrannten – und augenblicklich wurde es wieder Winter im Garten. Nur der kleine Junge lief nicht fort; denn er hatte, da seine Augen ganz mit Tränen gefüllt waren, den

Riesen nicht kommen sehen. Dieser näherte sich dem Jungen ganz vorsichtig von hinten, nahm ihn sanft in seine Hand und setzte ihn in den Baum. Unverzüglich erstrahlte der Baum in üppiger Blütenpracht und die Vögel kamen, setzten sich hinein und sangen; und der kleine Junge streckte seine Arme aus, schlang sie dem Riesen um den Hals und küsste ihn. Und als all die anderen Kinder sahen, dass der Riese nicht länger böse war, kamen sie eilig zurück – und mit ihnen kam der Frühling. „Von nun an, Kinder, ist dies euer Garten", sagte der Riese, nahm eine riesige Axt und riss die Mauer nieder. Und als die Menschen um die Mittagszeit zum Markt gingen, sahen sie den Riesen mit den Kindern im Garten spielen, dem schönsten Garten, den sie jemals gesehen hatten.

Sie spielten den ganzen Tag lang, und am Abend gingen sie auf den Riesen zu, um sich von ihm zu verabschieden.

„Aber wo ist denn euer kleiner Spielgefährte, der Junge, den ich auf den Baum gesetzt

habe?", fragte der Riese. Den kleinen Jungen
liebte er nämlich am meisten, weil dieser ihn
geküsst hatte.

„Das wissen wir nicht", antworteten die Kinder,
„er ist fortgegangen."

„Ihr müsst ihm sagen, dass er morgen unbedingt wiederkommen soll", sagte der Riese.
Aber die Kinder entgegneten, dass sie nicht
wüssten, wo er wohne, und dass sie ihn auch
niemals zuvor gesehen hätten. Daraufhin wurde
der Riese sehr traurig.

Jeden Nachmittag, wenn die Schule zu Ende
war, kamen die Kinder und spielten mit dem
Riesen. Aber den kleinen Jungen, den der Riese
besonders liebte, sah man nie mehr. Der Riese
war sehr freundlich zu all den Kindern, und dennoch blieb in ihm die Sehnsucht nach seinem
ersten kleinen Freund; immer wieder sprach er
von dem Jungen. „Wie gerne würde ich ihn wie-
dersehen", pflegte der Riese dann zu sagen.
Jahre vergingen und der Riese wurde ganz alt
und schwach. Er konnte nicht mehr im Garten

spielen, und so saß er in einem riesigen Lehn-
stuhl, sah den Kindern beim Spielen zu und er-
freute sich an seinem Garten. „Ich habe zwar
viele herrliche Blumen, aber die Kinder sind die
schönsten von allen", sagte er zu sich selbst.
An einem Wintermorgen schaute er, während er
sich anzog, aus dem Fenster. Jetzt hasste er den
Winter nicht mehr, denn er wusste, dass dies nur
die Zeit des schlafenden Frühlings und der sich
ausruhenden Blumen war. Plötzlich rieb er sich
verwundert die Augen – und schaute und schaute. Es war in der Tat ein wundervoller Anblick. In
der entlegensten Ecke des Gartens war ein Baum
über und über mit herrlichen weißen Blüten bedeckt. Seine Zweige waren vergoldet und silber-
ne Früchte hingen von ihnen herab. Und unter
dem Baum stand der kleine Junge, den der Riese
so sehr in sein Herz geschlossen hatte.
Hocherfreut rannte der Riese nach unten und
hinaus in den Garten. Er hastete über die Wiese
und näherte sich dem Kind. Und als er ganz
nah herangekommen war, wurde sein Gesicht

rot vor Zorn, und er fragte: „Wer hat es gewagt, dich zu verletzen?" Auf den Handflächen des Kindes waren nämlich die Male von zwei Nägeln zu erkennen, und die Male von zwei Nägeln waren auch an seinen kleinen Füßen.

„Wer hat es gewagt, dich zu verletzen?", schrie der Riese noch einmal, „sag es mir, damit ich mein mächtiges Schwert ziehen und ihn erschlagen kann."

„Nein!", antwortete das Kind, „denn dies sind die Wunden der Liebe." „Wer bist du?", fragte der Riese; eine seltsame Ehrfurcht überkam ihn und er kniete vor dem kleinen Jungen nieder. Daraufhin lächelte das Kind den Riesen an und sagte zu ihm. „Du hast mich einst in deinem Garten spielen lassen, heute sollst du mit mir in meinen Garten kommen – in das Paradies eingehen."

Und als die Kinder an diesem Nachmittag in den Garten gelaufen kamen, fanden sie den Riesen tot auf – er lag unter dem Baum und war über und über mit weißen Blüten bedeckt.

Der schöne Garten

EWALD VON KLEIST

Von blühenden Fruchtbäumen schimmert
Der Garten, die kreuzende Gänge
Mit roter Dunkelheit füllen;
Und Zephyr gaukelt umher,
Treibt Wolken von Blüten zur Höhe,
Die sich ergießen und regnen. –
Zwar hat hier Wollust und Hochmut
Nicht Nahrung von Mohren entlehnt
Und sie gepflanzet; nicht Myrten,
Nicht Aloen blicken durchs Fenster. –
Das nützliche Schöne vergnüget
Den Landmann und etwa ein Kranz. –
Durch lange Gewölbe von Nussstrauch
Zeigt sich voll laufender Wolken
Der Himmel, und ferne Gefilde
Voll Seen und buschige Täler,

Umringt mit blauen Gebirgen. –
Die Fürstin der Blumen, die Lilie,
Erhebt die Krone zur Seiten
Hoch über streifige Tulpen –
O Tulipane, wer hat dir
Mit allen Farben der Sonne
Den offnen Busen gefüllet? –
Ich grüßte dich Fürstin der Blumen,
Wenn nicht die göttliche Rose
Die tausendblättrige schöne
Gestalt, die Farbe der Liebe,
Den hohen bedorneten Thron, und
Den ewigen Wohlgeruch hätte! –
Die holde Maiblume drängt
Die Silberglöckchen durch Blätter;
Hier reicht mir die blaue Jacinthe
Den Kelch voll kühler Gerüche:
Es steigt unsehbarer Regen
Von lieblichen Düften zur Höhe,
Und füllt die Lüfte mit Balsam.
Die Nachtviole lässt immer
Die stolzeren Blumen den Duft

Verhauchen; sie schließet bedächtig
Ihn ein, im Vorsatz, den Abend
Noch über den Tag zu verschönen! –
Seht hin, wie brüstet der Pfau
Sich dort am farbigen Beete,
Voll Eifersucht über die Kleidung
Der fröhlichen Blumen stolziert er,
Kreist rauschend den grünlichen Schweif
Voll Regenbögen, und wendet
Den farbentrügenden Hals.
Die Schmetterlinge, sich jagend,
Umwälzen sich über den Bäumen
Mit bunten Flügeln; voll Liebe,
Und unentschlossen im Wählen,
Beschauen sie Knospen und Blüten.
Indessen impfet der Herr
Des Gartens, Zweige von Kirschen
Durchsägten Schlehstämmen ein,
Die künftig über die Kinder,
Die sie gesäuget, erstaunen.
Das Bild der Anmut, die Hausfrau,
Sitzt in der Laube von Reben,

Pflanzt Stauden und Blumen auf Leinwand;
Die Freude lächelt aus ihr:
Ein Kind, der Grazien Liebling,
Mit zarten Armen am Hals
Ihr hangend, hindert sie schmeichelnd,
Ein andres tändelt im Klee,
Sinnt nach und stammelt Gedanken.

Die Bedingung des Gärtners

HEINRICH VON KLEIST

*E*in Gärtner sagte zu seinem Herrn: „Deinem Dienst habe ich mich nur innerhalb dieser Hecken und Zäune gewidmet. Wenn der Bach kommt, und deine Fruchtbeete überschwemmt, so will ich mit Hacken und Spaten aufbrechen, um ihm zu wehren. Aber außerhalb dieses Bezirkes zu gehen und, ehe der Strom noch einbricht, mit seinen Wogen zu kämpfen: das kannst du nicht von deinem Diener verlangen."

Der Herr schwieg. Und drei Frühlinge kamen und verheerten, mit ihren Gewässern, das Land. Der Gärtner triefte von Schweiß, um dem Geriesel, das von allen Seiten eindrang, zu steuern: umsonst; der Segen des Jahrs, wenn ihm die

Arbeit auch gelang, war verderbt und vernichtet.

Als der vierte kam, nahm er Hacken und Spaten und ging aufs Feld.

„Wohin?", fragte ihn sein Herr.

„Auf das Feld", antwortete er, „wo das Übel entspringt. Hier türm' ich Wälle von Erde umsonst, um dem Strom, der brausend hereinbricht, zu wehren: an der Quelle kann ich ihn mit einem Fußtritt verstopfen."

Eine Seele, die liebt

CHIARA LUBICH

E ine Seele, die liebt,
ist für die Welt,
eine kleine Sonne,
die Gott ausstrahlt.

Wachsen

MATTHIAS CLAUDIUS

Jeden Morgen in meinem Garten
öffnen neue Blüten sich dem Tag.
Überall ein heimliches Erwachen,
das nun länger nicht mehr zögern mag.

Sommergesang

PAUL GERHARDT

*G*eh aus, mein Herz, und suche Freud
in dieser lieben Sommerzeit
an deines Gottes Gaben;
Schau an der schönen Gärten Zier
und siehe, wie sie mir und dir
sich ausgeschmücket haben.

Die Bäume stehen voller Laub,
das Erdreich decket seinen Staub
mit einem grünen Kleide.
Narcissus und die Tulipan,
die ziehen sich viel schöner an,
als Salomonis Seide.

Die Lerche schwingt sich in die Luft,
das Täublein fleugt aus seiner Kluft
und macht sich in die Wälder.
Die hochbegabte Nachtigall
ergötzt und füllt mit ihrem Schall
Berg, Hügel, Tal und Felder.

Die Glucke führt ihr Völklein aus,
der Storch baut und bewohnt sein Haus,
das Schwälblein speist die Jungen.
Der schnelle Hirsch, das leichte Reh
ist froh und kömmt aus seiner Höh
ins tiefe Gras gesprungen.

Die Bächlein rauschen in dem Sand,
und malen sich in ihrem Rand
mit schattenreichen Myrten.
Die Wiesen liegen hart dabei
und klingen ganz vom Lustgeschrei
der Schaf und ihrer Hirten.

Die unverdrossne Bienenschar
fleucht hin und her, sucht hie und dar
ihr edle Honigspeise.
Des süßen Weinstocks starker Saft
bringt täglich neue Stärk und Kraft
in seinem schwachen Reise.

Der Weizen wächset mit Gewalt,
darüber jauchzet jung und alt
und rühmt die große Güte
des, der so überflüssig labt,
und mit so manchem Gut begabt
das menschliche Gemüte.

Ich selbsten kann und mag nicht ruhn:
des großen Gottes großes Tun
erweckt mir alle Sinnen.
Ich singe mit, wenn alles singt,
und lasse, was dem Höchsten klingt,
aus meinem Herzen rinnen.

Ach, denk ich, bist du hier so schön
und lässt du's uns so lieblich gehn
auf dieser armen Erden,
was will doch wohl nach dieser Welt
dort in dem festen Himmelszelt
und güldnem Schlosse werden?

Welch hohe Lust, welch heller Schein
wird wohl in Christi Garten sein!
Wie muss es da wohl klingen,
da so viel tausend Seraphim
mit unverdrossnem Mund und Stimm
ihr Allelujah singen.

O wär ich da! O stünd ich schon,
ach, süßer Gott, für deinem Thron
und trüge meine Palmen:
So wollt ich nach der Engel Weis
erhöhen deines Namens Preis
mit tausend schönen Psalmen.

Doch gleichwohl will ich, weil ich noch
hier trage dieses Leibes Joch,
auch nicht gar stille schweigen:
Mein Herze soll sich fort und fort
an diesem und an allem Ort
zu deinem Lobe neigen.

Hilf mir und segne meinen Geist
mit Segen, der vom Himmel fleußt,
dass ich dir stetig blühe.
Gib, dass der Sommer deiner Gnad
in meiner Seelen früh und spat
viel Glaubensfrücht erziehe.

Mach in mir deinem Geiste Raum,
dass ich dir werd ein guter Baum,
und lass mich wohl bekleiben.
Verleihe, dass zu deinem Ruhm
ich deines Gartens schöne Blum
und Pflanze möge bleiben.

15. Erwähle mich zum Paradeis
und lass mich bis zur letzten Reis
an Leib und Seele grünen:
So will ich dir und deiner Ehr
allein und sonsten keinem mehr
hier und dort ewig dienen.

Lobpreisung der Natur

JEAN PAUL

*H*ohe Natur! Wenn wir dich sehen und lieben, so lieben wir unsere Menschen wärmer, und wenn wir sie betrauern oder vergessen müssen, so bleibst du bei uns und ruhest vor dem nassen Auge wie ein grünendes abendrotes Gebirge. Ach, vor der Seele, vor welcher der Morgentau der Ideale sich zum grauen kalten Landregen entfärbt hat – und vor dem Herzen, dem auf den unterirdischen Gängen dieses Lebens die Menschen nur noch wie dürre gekrümmte Mumien auf Stäben in Katakomben begegnen – und vor dem Auge, das verarmt und verlassen ist, und das kein Mensch mehr erfreuen will – und vor dem stolzen Göttersohne, den sein Unglaube und seine einsame, menschenleere Brust an einen ewigen unverrückten Schmerz anschmieden – vor Allen diesen bleibst du, erquickende Natur, mit deinen Blumen und Gebirgen und Katarakten treu und tröstend stehen, und der blutende Göttersohn wirft stumm und kalt den Tropfen der Pein aus den Augen, damit sie hell und weit auf deinen Vulkanen und auf deinen Frühlingen und auf deinen Sonnen liegen!

Der alte Garten

JOSEPH VON EICHENDORFF

Kaiserkron' und Päonien rot,
die müssen verzaubert sein,
denn Vater und Mutter sind lange tot,
was blühn sie hier so allein?

Der Springbrunn plaudert noch immerfort
von der alten schönen Zeit,
eine Frau sitzt eingeschlafen dort,
ihre Locken bedecken ihr Kleid.

Sie hat eine Laute in der Hand,
als ob sie im Schlafe spricht,
mir ist, als hätt' ich sie sonst gekannt –
still, geh vorbei und weck sie nicht!

Und wenn es dunkelt das Tal entlang,
streift sie die Saiten sacht,
Da gibt's einen wunderbaren Klang
Durch den Garten die ganze Nacht.

Gänseblümchen für Großvater

ANGELIKA BÜTTNER

„Mein Gott, du kannst ihm doch das Kind nicht
geben!",
entsetzte sich meine Schwester,
als ich unserem Großvater sein erstes Urenkel-
chen
in den Arm legte.

Er war ein grober Mann
mit schwieligen, aufgeplatzten und verwitter-
ten Händen.
Seine Haut war von der Sonne gegerbt
wie sprödes, trockenes Leder.
Zu viel Harz und Öl
hatte sich in harten Arbeitsjahren in seine Haut
gebrannt.
Zu viele Splitter hatten Narben hinterlassen.

Natascha lag in Großvaters linker Armbeuge,
gebettet in einen Blick tiefer Liebe.
Ihre winzigen Finger öffneten sich
wie Gänseblümchen im Morgentau.

Er reichte ihr seinen rechten kleinen Finger,
den sie sofort ergriff und umklammert hielt.
Mit seinem rechten Zeigefinger
strich er ihr unendlich sanft über ihre rosige
Wange.
Ihre blitzblanken Augen strahlten ihn an.

Meine Schwester verließ den Raum,
als eine Träne auf Nataschas Strampler fiel.

Über den Gärtner

JOHANN WOLFGANG VON GOETHE

So wenig der Gärtner sich durch andere Liebhabereien und Neigungen zerstreuen darf, so wenig darf der ruhige Gang unterbrochen werden, den die Pflanze zur dauernden oder zur vorübergehenden Vollendung nimmt. Die Pflanze gleicht den eigensinnigen Menschen, von denen man alles erhalten kann, wenn man sie nach ihrer Art behandelt. Ein ruhiger Blick, eine stille Konsequenz, in jeder Jahreszeit, in jeder Stunde das ganz Gehörige zu tun, wird vielleicht von niemand mehr als vom Gärtner verlangt.

Anschauen und Einatmen

ANTOINE DE SAINT-EXUPÉRY

*M*an darf den Blumen nicht zuhören, man muss sie anschauen und einatmen. Die meine erfüllte meinen Planeten mit Duft, aber ich konnte seiner nicht froh werden ...
Ich hätte sie nach ihrem Tun und nicht nach ihren Worten beurteilen sollen! Sie duftete und glühte für mich. Ich hätte niemals fliehen sollen! Ich hätte hinter all den armseligen Schlichen ihre Zärtlichkeit erraten sollen.

Der kleine Prinz

Frühlingsgruß

JOSEPH VON EICHENDORFF

Es steht ein Berg in Feuer,
In feurigem Morgenbrand,
Und auf des Berges Spitze
Ein Tannbaum überm Land.

Und auf dem höchsten Wipfel
Steh ich und schau vom Baum,
O Welt, du schöne Welt, du,
Man sieht dich vor Blüten kaum!

Ich mag Gänseblümchen

ANDREA SCHWARZ

*V*or einigen Tagen kam ein Mitarbeiter auf mich zu, der bei uns im Büro verantwortlich dafür ist, dass aus vielen einzelnen Beiträgen verschiedener Autoren eine Zeitschrift für Jugendliche wird, die auch noch lesenswert sein soll. Die neueste Ausgabe hatte das Thema „Zärtlichkeit", und ich hatte ein paar Artikel beigesteuert. „Hast du 'nen Moment Zeit?", fragte er. „Ja, was ist denn los?" – „Hör mal, es geht um deine Artikel für das ‚Zärtlichkeits-Heft'. Weißt du, Gänseblümchen, recht und schön, aber in den drei Artikeln von dir kommen sie allein vier Mal vor. Ich kann's echt fast nicht mehr sehen."
Ehrlich, vier Mal? War mir gar nicht aufgefallen ...

Aber es stimmt schon, die Gänseblümchen sind bei mir drin und stehlen sich immer wieder hinaus. Sei es, dass ich sie als Beispiele anführe, eines mühsam hinter meine Unterschrift krakle, oder einem Freund ein getrocknetes einfach in den Briefumschlag mit dazu lege. Ich habe sozusagen die Gänseblümchenkrankheit ... (Und es gibt Menschen, die hab ich sogar schon damit angesteckt!) Mir sind die Gänseblümchen als Symbol wichtig geworden. Sie bedeuten mir viel: das Leben, das sich im schäbigsten Rasen, auf schlechtestem Boden mitten in der Stadt durchkämpft; das unvermutet im gepflegten englischen Rasen auftaucht; es ist für mich ein Zeichen für die kleinen, unscheinbaren Alltäglichkeiten, an denen wir, von den scheinbar „großen" Dingen unseres Lebens gefangen, einfach vorbeilaufen. Sie sagen mir, dass jedes Gänseblümchen ein Wunder der Schöpfung Gottes ist, dass Gottes Größe sich winzig klein macht, Gott auch das Kleine, Unscheinbare liebt.

Gänseblümchen sind unaufdringlich und zärtlich. Sie stellen sich mir nicht in den Weg, sondern ich muss schon ein wenig die Augen aufhalten, mich auch einmal bücken. Sie passen in keine aufwendige Cellophan-Verpackung des Blumengeschäftes, sondern viel besser in eine kleine, dreckige Kinderhand.

Gänseblümchen in meinem Alltag – eine Ansichtskarte inmitten der Dienstpost; ein Freund; das Anlächeln eines Menschen auf der Straße; der junge Spatz, der vor mir herhüpft; der Autofahrer, der anhält, damit ich endlich abbiegen kann; die ehrlich gemeinte Frage, „wie geht es?", das verständnisvolle Zuhören, die glitzernden Tautropfen auf der Wiese, der kleine Junge, der Seifenblasen in die große Welt pustet ... unscheinbare Kleinigkeiten mitten in meinem Alltag, Gänseblümchen eben!

Also, ich mag solche Gänseblümchen!

Garten des Frühlings

AUS ARABIEN

Lächle, denn es gibt
einen Frühling in deinem Garten,
der die Blüten bringt,
einen Sommer, der die Blätter tanzen
und einen Herbst, der die Früchte reifen lässt.

Garten des Lebens

JOHANNES XXIII.

*W*ir sind nicht auf der Erde,
um ein Museum zu hüten,
sondern um einen blühenden Garten
voller Leben zu pflegen.

Das Gänseblümchen

HANS CHRISTIAN ANDERSEN

*N*un höre einmal! Draußen auf dem Lande lag ein Landhaus dicht am Wege. Du hast es gewiss selbst einmal gesehen. Vor ihm lag ein kleiner Garten mit Blumen und einem Zaun. Nahe dabei war ein Graben, und mitten in dem schönsten grünen Grase wuchs eine kleine Gänseblume. Die Sonne beschien sie ebenso warm und schön wie die großen, schönen Prachtblumen drinnen im Garten, und deshalb wuchs sie von Stunde zu Stunde.
Eines Morgens stand sie mit ihren kleinen, blendend weißen Blättern ganz entfaltet da. Die Blätter waren wie lauter Strahlen, die ringsherum um die kleine, gelbe Sonne in der Mitte saßen. Das Gänseblümchen dachte gar nicht daran, dass kein Mensch sie im Grase sehen

konnte, und dass sie eine arme, einfache Blume sei. Nein, sie war vergnügt. Sie wendete sich der warmen Sonne gerade entgegen, sah zu ihr auf und horchte auf die Lerche, die in der Luft sang.

Das kleine Gänseblümchen war so glücklich, als ob es ein großer Festtag gewesen wäre, doch es war ein Montag. Alle Kinder waren in der Schule und saßen dort auf den Bänken, um etwas zu lernen. Das Gänseblümchen aber saß auf ihrem kleinen, grünen Stängel und lernte von der warmen Sonne und allem ringsumher, wie gut es der liebe Gott mit ihr meinte. Die kleine Lerche sang so schön und drückte in der Stille all das aus, was das Gänseblümchen in sich spürte. Mit großer Ehrfurcht blickte das Gänseblümchen zu dem glücklichen Vogel empor, der singen und fliegen konnte. Doch das Gänseblümchen war gar nicht betrübt, obwohl es diese Gaben nicht hatte. „Ich sehe und höre ja", dachte es, „und die Sonne scheint auf mich hernieder! Oh, wie gut ich es doch im Leben angetroffen habe!"

Im Garten standen viele steife, vornehme Blumen. Je weniger Duft sie hatten, umso mehr prahlten sie. Die Sonnenrose blies sich auf, als wäre sie größer als eine Rose. Aber die Größe ist es nicht, die den Ausschlag gibt! Die Tulpen hatten die allerschönsten Farben, das wussten sie wohl und hielten sich aufrecht, damit man sie besser sehen konnte. Sie betrachteten die kleine Gänseblume da draußen gar nicht, worauf dieses dachte: „Die Tulpen sind wirklich reich und schön! Ja, sicher fliegt der prächtige Vogel zu ihnen hernieder und besucht sie! Gott sei Dank, dass ich so nahe dabei stehe, so kann ich die Pracht wohl zu sehen bekommen!" Und gerade, wie es das dachte, „Quirrvit!", kam die Lerche nieder ins Gras zu dem armen Gänseblümchen geflogen. Es erschrak vor lauter Freude und wusste gar nicht, was es denken sollte. Der kleine Vogel tanzte rings um sie her und sang: „Wie ist doch das Gras so weich! Welch liebliche, kleine Blume mit Gold im Herzen und Silber auf dem Kleide!" Der gelbe Punkt in der

Gänseblume sah ja auch aus wie Gold, und die kleinen Blätter ringsherum erglänzten silberweiß.

Wie glücklich die kleine Gänseblume war, das kann niemand begreifen! Der Vogel küsste sie mit seinem Schnabel, sang ihr vor und flog dann wieder in die blaue Luft hinauf. Es währte sicher eine ganze Viertelstunde, bevor die Blume sich beruhigen konnte. Halb beschämt und doch innerlich erfreut, sah sie nach den anderen Blumen im Garten. Sie hatten ja die Ehre und Glückseligkeit gesehen, die ihr widerfahren war, und sie mussten doch nun begreifen, welche Freude das war. Aber die Tulpen standen noch steifer als zuvor, und sie waren spitz im Gesicht und rot, denn sie hatten sich geärgert. Die Sonnenblumen waren ganz dickköpfig. Da war es nur gut, dass sie nicht sprechen konnten, sonst hätte die Gänseblume eine ordentliche Zurechtweisung bekommen. Die arme, kleine Blume konnte wohl sehen, dass sie nicht guter Laune waren, und das tat ihr herzlich weh.

Zur selben Zeit kam drinnen im Garten ein Mädchen mit einem großen, scharfen und glänzenden Messer gelaufen. Es ging gerade auf die Tulpen zu und schnitt eine nach der anderen ab. „Uh", seufzte die kleine Gänseblume, „das war schrecklich anzusehen, nun ist es mit ihnen vorbei!" Dann ging das Mädchen mit den Tulpen fort. Das Gänseblümchen war froh, dass es draußen im Grase stand und eine kleine Blume war. Es fühlte sich so dankbar. Und als die Sonne unterging, faltete es seine Blätter, schlief ein und träumte die ganze Nacht von der Sonne und dem kleinen Vogel.

Am nächsten Morgen, als die Gänseblume wieder glücklich alle ihre weißen Blätter ausbreitete, erkannte sie des Vogels Stimme. Das Lied, was er sang, war aber traurig. Ja, die arme Lerche hatte guten Grund dazu. Sie war gefangen worden und saß nun in einem Käfig dicht beim offenen Fenster. Sie besang das freie und glückliche Umherfliegen, sang von dem jungen grünen Korn auf dem Felde und von der herrlichen Reise, die sie auf ihren Flügeln hoch in der Luft machen konnte. Der arme, kleine Vogel war nicht bei guter Laune, gefangen in einem Käfig. Die kleine Gänseblume wünschte zu helfen. Aber wie sollte sie das anfangen? Ja, es war schwer zu erdenken. Sie vergaß völlig, wie schön alles ringsumher stand und wie warm die Sonne schien. Ach, sie konnte nur an den gefangenen Vogel denken, für den sie durchaus nichts tun konnte.

In derselben Zeit kamen zwei kleine Knaben aus dem Garten. Der eine von ihnen hatte ein Messer in den Händen, groß und scharf, wie am Vortag das Mädchen, das die Tulpen abgeschnitten hatte. Sie gingen gerade auf die kleine Gänseblume zu, die gar nicht begreifen konnte, was sie wollten.

„Hier können wir ein herrliches Rasenstück für die Lerche ausschneiden!", sagte der eine Knabe und begann nun, um die Gänseblume herum ein Viereck auszuschneiden, sodass sie mitten auf dem Rasenstück zu stehen kam.

„Reiße die Blume ab!", sagte der eine Knabe, und das Gänseblümchen zitterte vor Angst. Denn abgerissen werden hieß ja das Leben verlieren, und es wollte doch so gerne leben, da es mit dem Rasenstück zu der gefangenen Lerche kommen sollte.

„Nein, lass sie stehen", sagte der andere Knabe, „sie ist doch niedlich!" Und so blieb die kleine Gänseblume stehen und kam mit in den Käfig zur Lerche. Aber der arme Vogel klagte laut über die verlorene Freiheit und schlug mit den Flügeln gegen den Eisendraht des Käfigs. Die kleine Gänseblume konnte nicht sprechen, kein tröstendes Wort sagen. So verging der ganze Vormittag.

„Hier ist kein Wasser!", rief die gefangene Lerche. „Sie sind alle ausgegangen und haben vergessen, mir etwas zu trinken zu geben. Mein Hals ist trocken und brennend! Es ist Feuer und Eis in mir, und die Luft ist so schwer! Ach, ich muss sterben und Abschied nehmen von dem warmen Sonnenschein, vom frischen Grün, von

all der Herrlichkeit, die Gott geschaffen hat!"
Dann bohrte die Lerche ihren Schnabel in das
kühle Rasenstück, um sich dadurch ein wenig
zu erfrischen. Da sah sie das Gänseblümchen,
nickte ihm zu, küsste es mit dem Schnabel
und sagte: „Du musst hier drinnen auch ver-
trocknen, du arme, kleine Blume! Dich und den
kleinen Flecken Gras hat man mir für die ganze
Welt gegeben, die ich draußen hatte! Jeder
kleine Grashalm soll mir ein grüner Baum, jedes
deiner weißen Blätter eine duftende Blume
sein! Ach, ihr erinnert mich daran, wie viel ich
verloren habe!"
„Könnte ich ihn doch trösten!", dachte die
Gänseblume, aber sie konnte kein Blatt be-
wegen. Doch der Duft, der den feinen Blättern
entströmte, war weit stärker, als man ihn sonst
bei dieser Blume findet. Das bemerkte auch der
Vogel. Obwohl er vor Durst fast umfiel und in
seinem Schmerz die grünen Grashalme abriss,
berührte er doch nicht die Blume.
Es wurde Abend, und noch immer zeigte sich

niemand, der dem armen Vogel einen Wasser-
tropfen bringen wollte. Da streckte er seine
hübschen Flügel aus und schüttelte sie krampf-
haft. Sein Gesang war ein wehmütiges „piep,
piep", und das kleine Haupt neigte sich der
Blume entgegen. Das Herz des Vogels war ge-
brochen, weil die Sehnsucht nicht groß genug
gewesen war. Da konnte die Blume am Abend
ihre Blätter nicht mehr zusammenfalten und
schlafen, und sie hing nur traurig zur Erde nieder.

Erst am nächsten Morgen kamen die Knaben
wieder. Als sie den Vogel tot erblickten, weinten
sie, weinten viele Tränen und gruben ihm ein
kleines Grab, das mit Blumenblättern verziert
wurde. Der Leichnam des Vogels kam in eine
schöne rote Schachtel. Königlich sollte er be-
stattet werden, der arme Vogel! Als er noch
lebte und sang, vergaßen sie ihn, ließen ihn im
Käfig sitzen und leiden. Nun vergossen sie viele,
viele Tränen um ihn.

Das Rasenstück mit dem Gänseblümchen wurde aber fortgeworfen. Niemand dachte an die bescheidene Blume, die doch am meisten für den kleinen Vogel gefühlt hatte und ihn so gerne trösten wollte.

Ein Gänseblümchen

PETER FEICHTINGER

Ein Gänseblümchen
in der richtigen Hand
bedeutet oft mehr
als ein Strauß Rosen

Abendlied

HOFFMANN VON FALLERSLEBEN

*A*bend wird es wieder:
über Wald und Feld
säuselt Frieden nieder,
und es ruht die Welt.

Nur der Bach ergießet
sich am Felsen dort,
und er braust und fließet
immer, immer fort.

Und kein Abend bringet
Frieden ihm und Ruh,
keine Glocke klinget
ihm ein Rastlied zu.

So in deinem Streben
bist, mein Herz, auch du:
Gott nur kann dir geben
wahre Abendruh.

Eine wunderbare Heiterkeit

JOHANN WOLFGANG VON GOETHE

Eine wunderbare Heiterkeit hat meine ganze Seele eingenommen, gleich den süßen Frühlingsmorgen, die ich mit ganzem Herzen genieße. Ich bin allein und freue mich meines Lebens in dieser Gegend, die für solche Seelen geschaffen ist wie die meine. Ich bin so glücklich, mein Bester, so ganz in dem Gefühle von ruhigem Dasein versunken, dass meine Kunst darunter leidet. Ich könnte jetzt nicht zeichnen, nicht einen Strich, und bin nie ein größerer Maler gewesen als in diesen Augenblicken. wenn das liebe Tal um mich dampft, und die hohe Sonne an der Oberfläche der undurchdringlichen Finsternis meines Waldes ruht, und nur einzelne Strahlen sich in das innere Heiligtum stehlen, ich dann im hohen

Grase am fallenden Bache liege, und näher an
der Erde tausend mannigfaltige Gräschen mir
merkwürdig werden; wenn ich das Wimmeln
der kleinen Welt zwischen Halmen, die unzähli-
gen, unergründlichen Gestalten der Würmchen,
der Mückchen näher an meinem Herzen fühle,
und fühle die Gegenwart des Allmächtigen, der
uns nach seinem Bilde schuf, das Wehen des Al-
liebenden, der uns in ewiger Wonne schwebend
trägt und erhält; mein Freund! wenn's dann um
meine Augen dämmert, und die Welt um mich
her und der Himmel ganz in meiner Seele ruhn
wie die Gestalt einer Geliebten, dann sehne
ich mich oft und denke: Ach könntest du dem
Papiere das einhauchen, was so voll, so warm in
dir lebt, dass es würde der Spiegel deiner Seele,
wie deine Seele ist der Spiegel des unendlichen
Gottes! – Mein Freund! – Aber ich gehe darüber zugrunde, ich erliege unter der Gewalt der
Herrlichkeit dieser Erscheinungen.

Frühling der Seele

GEORG TRAKL

Blumen, blau und weiß verstreut,
Streben heiter auf dem Grund.
Silbern webt die Abendstund,
Laue Öde, Einsamkeit

Leben blüht nun voll Gefahr,
Süße Ruh um Kreuz und Grab.
Eine Glocke läutet ab.
Alles scheinet wunderbar.

Saftig grünen Brot und Wein,
Orgel tönt voll Wunderkraft;
Und um Kreuz und Leidenschaft
Glänzt ein geisterhafter Schein.

O! Wie schön sind diese Tag',
Kinder durch die Dämmerung gehn;
Blauer schon die Winde wehn.
Ferne spottet Drosselschlag.

Inhaltsverzeichnis

Quellenverzeichnis

Texte

Hermann Hesse, Aprilbrief. Textauszug aus: Hermann Hesse, Frühling. Ausgewählt von Ulrike Anders. © Insel Verlag Berlin 2012.

Angelika Büttner, Gänseblümchen für Großvater © Angelika Büttner.

Antoine de Saint-Exupéry, Anschauen und Einatmen, aus: Antoine de Saint-Exupéry, Der kleine Prinz, © 1950 und 2008, Karl Rauch Verlag, Düsseldorf.

Antoine de Saint-Exupéry, Die beiden Gärtner, aus: Antoine de Saint-Exupéry, Die Stadt in der Wüste, © 1956 und 2009, Karl Rauch Verlag, Düsseldorf.

Andrea Schwarz, Ich mag Gänseblümchen, aus: Andrea Schwarz, Ich mag Gänseblümchen. Unaufdringliche Gedanken © Verlag Herder GmbH, Freiburg i. Br. 2011, S. 135-137.

Maria Trischberger, Die Geschichte vom Gänseblümchen, das das ganze Jahr blühen wollte. Alle Rechte bei der Autorin.

Regina Meier zu Verl, Der Stein und das Gänseblümchen. Alle Rechte bei der Autorin.

Karl Heinrich Waggerl, Lob der Wiese, aus: Karl Heinrich Waggerl, Wagrainer Geschichtenbuch © Otto Müller Verlag, 9. Auflage, Salzburg 1987.

Christa Wolf, Das Urbild des Lebens. Textauszug aus: Christa Wolf, Die Lust, gekannt zu sein - Erzählungen 1960-1980. © Suhrkamp Verlag Frankfurt am Main 2008. Alle Rechte bei und vorbehalten durch Suhrkamp Verlag Berlin.

Fotos

Umschlag © digieye/Fotolia.de; Illustrationen © Miroslava Arnaudova/ Fotolia.de (S. 16ff), © Constantinos/Fotolia.de (S. 19ff).

Wir danken den genannten Rechteinhabern für die freundliche Erteilung der Abdruckgenehmigung. Der Verlag hat sich bemüht, alle Rechteinhaber in Erfahrung zu bringen. Für zusätzliche Hinweise sind wir dankbar.